JN085473

Educational Area

INTRODUCTION TO LEGAL AND ADMINISTRATIVE SYSTEMS FOR CERTIFIED PUBLIC PSYCHOLOGISTS

深掘り！
関係行政論
教育分野

公認心理師必携

髙坂康雅 著

北大路書房

は し が き

　2018 年に心理学界念願の心理職の国家資格「公認心理師」が誕生した。公認心理師は，心理の専門的な知識と技術をもって国民の心の健康の保持増進に寄与することが求められており，保健・医療，福祉，教育，司法・犯罪，産業・労働という主要 5 分野を中心に，広く活躍することが期待されている。本書は，公認心理師が学校などの教育分野で活動する際に知っておいてもらいたい法律やガイドラインについて説明するとともに，教育分野の現状を把握するためのデータの紹介，事例を通した教育分野における支援の方法などについて説明したものである。

　学校という場所は，極めて特殊な文化で成り立っている。著者を含め多くの人が学校に通い，教育を受けてきた経験があるため，特殊な文化を有していると思う人は少ないかもしれない。しかし，大人になり，社会に出ると，学校が特殊な文化が許容されている場であることを強く感じる。学校には，教師と児童生徒しかいない。事務職員など以外で教師や児童生徒に該当しない者がほとんどいないのである。また，制服が指定されている学校では，すべての児童生徒が同じ服装をしている。学校独自のルール（校則）があり，持ち物や生活態度，なかには下着の色まで指定されている場合もある。教師は「子どものため」というマジックワードの下，プライベートも心身の健康も省みずに，多くの時間や労力を教育に費やしている。「働き方改革」や「ダイバーシティ（多様性）」が叫ばれている現代社会のなかで，それを教えなければならない場である学校だけはそのような言葉が届いていないような状況が維持されている。やはり学校は特殊な文化を有していると言わざるを得ない。

　公認心理師が学校という場に入って，活躍できるかどうかは，この特殊な文化を理解できるかにかかっていると思われる。心理的アセス

メントやカウンセリング，心理療法などの心理支援に関する理論や考え方は，時に学校という特殊な文化にはマッチせず，教育が目指す方向性と矛盾することもある。そのようななかで，いかに心理支援の考え方と学校・教育の文化や方向性と折り合いをつけていくかが，公認心理師が教育分野で活躍できるかどうかのポイントになってくると思われる。そのためにも，教育分野で働きたいと考える公認心理師（あるいは公認心理師を目指す大学生・大学院生）には，本書を読み，学校や教育のあり方や特殊な文化を理解してもらいたいと考えている。もちろん，教職を目指す大学生にとっても法律やガイドラインに関する知識は重要であり，また公認心理師が学校でどんなことをしてくれるのかを知っていることは，児童生徒や教師のメンタルヘルスにおいても重要である。公認心理師や公認心理師を目指す方だけでなく，教師や教職を目指す方にも，本書を活用していただければと願っている。

　各章には，事例を示し，事例を通して実際の支援のあり方について解説をしている。また，法令やガイドラインなどだけでは足りない，支援に必要な知見や考え方も示している。

　支援のあり方については，ここで示したものが「正解」というわけではない。また，解説のように常にうまくいくわけでもない。むしろうまくいかなかったり，順調に進まなかったりすることのほうが多いかもしれない。そのようななかで，どのように考えればいいのか，誰と連携協働すればよいのかなど柔軟に考え，積極的に関わりをもつことが求められる。

　また，各章の最後には，「ワーク」を設けた。「ワーク」は事例を示し，〈①考えてみよう！〉〈②話し合ってみよう！〉〈③ロールプレイをしてみよう！〉という３つの課題で構成されている。〈①考えてみよう！〉は自分で調べたり考えたりするための課題である。〈②話し合ってみよう！〉は，グループでディスカッションをするための課題である。〈③ロールプレイをしてみよう！〉は，要支援者（児童生徒）やその保護者，教師，スクールカウンセラー（公認心理師）など示している人物になりきって，実際に演じてみる課題である。いずれも大学・

大学院の授業で活用することも想定して作成したものであり，活用していただければと思う。ロールプレイについては，以下のルールを徹底して行うことが有効である。

【ロールプレイのルール】

①性別・年齢・気持ち・感情・言葉づかいなど，できるかぎりその役割になりきる。
②役割になっている相手のことを笑ったりせずに，相手をその役割そのものとして扱う。
③前提条件・設定には従い，勝手に変えたりしない。
④前提条件・設定に書かれていない部分は想像をもって補う。ただし，その想像は，前提条件・設定に照らして妥当な範囲で行い，過剰な想像（妄想）は行わない。
⑤前提条件・設定には書かれておらず，また想像することも難しければ「わからない・不明」という判断をしてもかまわない。
⑥グループの人数に応じて，役割を増減してもかまわない。

なお，これらの事例はすべて仮想のものであり（一部は公認心理師試験の事例問題を参考とした），人名や内容などは実在したものではない。

本書を通して習得した知識などを活用して，教育現場で活躍できる公認心理師がいっそう増えること，それにより，児童生徒や教師のメンタルヘルスが向上することを心より願っている。

残暑厳しい8月末
高坂康雅

序　章

公認心理師とは

公認心理師法

　現在，どの分野・領域においても心の健康（メンタルヘルス）は重大な関心事となっている。「精神及び行動の障害」による推定患者数は50万人を超え（厚生労働省「平成29年（2017）患者調査の概況」（2018）），うつ病などによる自殺や休・退職などのニュースを聞くことも多い。子どもであれば虐待やいじめ，不登校，発達障害などが注目され，高齢者では認知症や孤独・独居，配偶者などとの死別などが心の健康と関わってくる。そのようななかで，心理職初の国家資格である公認心理師について定めた公認心理師法が2015年に制定，2017年に施行され，2018年9月に第1回公認心理師試験が行われ，公認心理師が社会のなかで活躍するようになった。ここでは，公認心理とはどのような資格なのかを公認心理師法に基づいて説明するとともに，教育分野で働く公認心理師について紹介していく。

1．公認心理師とは何か

　公認心理師は，公認心理師法に規定された国家資格である。これまで心理職に関する資格として最も有名なのは，**臨床心理士**であろう。臨床心理士は，日本臨床心理士資格認定協会が1988年から認定している資格である。臨床心理士になるためには，臨床心理士養成指定大学院に入学し，専門的な教育や実習を経験する。そして，大学院修了後，

資格試験（筆記試験と口述面接試験）に合格することで，臨床心理士資格を得ることができる。臨床心理士資格を取得した心理職は，保健医療分野や教育分野などこれまでの日本における心理支援における中心的な資格として，その役割を果たしてきた。しかし，臨床心理士はあくまで民間資格である。それは，学校心理士や臨床発達心理士など他の心理に関する資格も同じである。一方，心理職とともに働く機会が多い医師や看護師，精神保健福祉士^{メモ}，社会福祉士などが国家資格であることから，心理職についても国家資格化が望まれていた。

そのようななかで誕生したのが公認心理師である。公認心理師法第1条では，公認心理師法の目的として，「この法律は，公認心理師の資格を定めて，その業務の適正を図り，もって国民の心の健康の保持増進に寄与することを目的とする。」と規定している。これは，公認心理師の職務が精神疾患や障害を有した者への治療・支援だけではなく，心の健康を維持したり，増進したりするという予防的な役割を有していることを意味している。

公認心理師法第2条には，公認心理師の4つの業が規定されている。

第2条　この法律において「公認心理師」とは，第28条の登録を受け，公認心理師の名称を用いて，保健医療，福祉，教育その他の分野において，心理学に関する専門的知識及び技術をもって，次に掲げる行為を行うことを業とする者をいう。
一　心理に関する支援を要する者の心理状態を観察し，その結果を分析すること。
二　心理に関する支援を要する者に対し，その心理に関する相談に応じ，助言，指導その他の援助を行うこと。
三　心理に関する支援を要する者の関係者に対し，その相談に応じ，助言，指導その他の援助を行うこと。
四　心の健康に関する知識の普及を図るための教育及び情報の提供を行うこと。

（公認心理師法　第2条）

第2条第一号は，**心理的アセスメント**と呼ばれるものである。行動

観察や面接，心理検査，関係者などからの情報の聴き取り・収集など
を通して，心理に関する支援を要する者（以下，要支援者）の心理状態を
把握・分析・解釈し，それらを整理することが求められる。第二号は
要支援者に対する相談や助言，第三号は要支援者の関係者に対する相
談や助言である。必ずしも「カウンセリング」や「心理療法」など狭
義の支援だけではなく，情報提供や環境調整，コンサルテーション^{メモ}
などを含めた広義の支援を意味してい
る。第四号は，心の健康教育と呼ばれる
ものである。心の健康に関する講演や研
修を行ったり，ソーシャル・スキルズ・
トレーニング（SST）やアンガーマネジ
メント，リラクセーション法など具体的
な方法を伝えたりすることで，心の健康に広く寄与するような活動を
行うことが求められる。

> **メモ**
> **コンサルテーション**
> 要支援者を援助している専門家に対して，別の専門家が助言などを行うことを言う。援助をしている専門家をコンサルティ，助言などを行う別の専門家をコンサルタントと呼ぶ。実際には，お互いに助言をし合うことも多く，その場合は相互コンサルテーションという。

　このような業を行うなかで，公認心理師には以下のような4つの義
務も規定されている。

第40条　公認心理師は，公認心理師の信用を傷つけるような行為をしては
　　ならない。
第41条　公認心理師は，正当な理由がなく，その業務に関して知り得た人
　　の秘密を漏らしてはならない。公認心理師でなくなった後においても，
　　同様とする。
第42条　公認心理師は，その業務を行うに当たっては，その担当する者に
　　対し，保健医療，福祉，教育等が密接な連携の下で総合的かつ適切に提
　　供されるよう，これらを提供する者その他の関係者等との連携を保たな
　　ければならない。
2　公認心理師は，その業務を行うに当たって心理に関する支援を要する者
　　に当該支援に係る主治の医師があるときは，その指示を受けなければな
　　らない。
第43条　公認心理師は，国民の心の健康を取り巻く環境の変化による業務
　　の内容の変化に適応するため，第2条各号に掲げる行為に関する知識及
　　び技能の向上に努めなければならない。

（公認心理師法　第40条・第41条・第42条・第43条）

　第40条は，**信用失墜行為の禁止**と呼ばれるものである。公認心理師

の信用を傷つけるような言動を禁じたものであり，その行為は，公認心理師としての職務中だけでなく，私生活も含まれる。

　第41条は**秘密保持義務**である。秘密保持義務は医師や弁護士，精神保健福祉士など多くの国家資格や，公務員などでも規定されているものである。秘密保持義務が守られなければ，要支援者は安心して公認心理師に秘密を話すことができなくなり，結果として要支援者や国民全体にとっても不利益となる。特に公認心理師をはじめとした心理職は，要支援者の秘密を知る機会が多いため，秘密保持義務を厳守することは基本であり，最も重要なことである。

　第42条は，**多職種との連携**に関わる規定である。公認心理師は，医療分野や福祉分野，教育分野などで働くことになり，そこにはそれぞれの専門職（医師や教師など）がいる。そのような専門職と連携・協働することは，要支援者に対する支援をより効果的にする。特に，医療との連携が重視されており，第2項では主治の医師の指示^{メモ}を受けなければならないとしている。

　第43条は**資質向上の責務**と呼ばれるものである。公認心理師資格に更新制度はなく，公認心理師は公認心理師試験（国家試験）に合格し，登録簿に登録されると，

> **✐メモ**
> **主治の医師の指示**
> 公認心理師法第42条第2項に示されている「主治の医師の指示」については，「公認心理師法第42条第2項に係る主治の医師の指示に関する運用基準について」という通知が出ている。

登録取消しにならない限り，ずっと公認心理師のままである。しかし，心の健康に関わる状況は常に変化しており，また心理支援に必要な知識や心理支援で用いられる技法も次々と新しいものが生み出されている。要支援者に対して適切な支援を行うためには，そのような情報のアップデートや技術の研鑽などが必要なのである。

　なお，第41条（秘密保持義務）に違反すると，1年以下の懲役または30万円以下の罰金に処せられることがある（公認心理師法第46条）。また，第40条（信用失墜行為），第41条（秘密保持義務），第42条第2項（主治の医師との連携）に違反すると，登録の取消しまたは「公認心理師」および「心理師」という名称を一定期間使用することができなくなる。

　公認心理師は，「**名称独占資格**」である。診察や手術のような〈医行為〉は医師しか行うことができず，このようにある資格を有する者に

しか特定の行為を行うことが認められていない資格を「**業務独占資格**」と呼ぶ (弁護士，公認会計士，美容師など)。一方，公認心理師を含め，その資格をもっていない者がその資格の名称を使用することはできないが，その資格を有する者と同じ行為を行っても問題がない (罰せられない) 資格は，名称独占資格と呼ばれる。たとえば，テレビで天気予報や気象の解説をする人は，気象予報士という資格を有していることが多い。しかし，天気予報については，その正確さを問わなければ，気象予報士でなくても誰でも行うことができ，それによって罰せられることもない。公認心理師も名称独占資格であるため，公認心理師の資格をもっていなくても，心理検査を実施したり，心理療法やカウンセリングを行ったりしても問題はない。しかし，公認心理師が国家試験を経て得られる国家資格であることから，公認心理師を有していない者よりも心理学に関する知識や心理検査，心理的支援に関する技術などを有しており (少なくとも，有していることが期待される)，社会的な信頼と責任が求められるといえるのである。

2. 教育分野で働く公認心理師

(1) スクールカウンセラー

　教育分野で働く公認心理師 (あるいは心理職) として思い浮かぶのは，**スクールカウンセラー**であろう。スクールカウンセラーは，1995 年度の「スクールカウンセラー活用調査研究委託事業」により全国の公立小学校・中学校・高等学校の一部で試行的に配置された。2001 年度からは「文部科学省スクールカウンセラー等活用事業補助」に変更になり，スクールカウンセラーの配置が拡大された。2018 年度では，小学校 14,259 校，中学校 8,905 校，高等学校 2,398 校，その他 (特別支援学校，義務教育学校，教育センターなど) 577 校に配置されている (文部科学省初等中等教育局児童生徒課, 2020)。

　スクールカウンセラーの職務としては，次のようなものがあげられる (教育相談等に関する調査研究協力者会議, 2017)。

①児童生徒に対する相談・助言
②保護者や教職員に対する相談（カウンセリング，コンサルテーション）
③校内会議等への参加
④教職員や児童生徒への研修や講話
⑤来談者への心理的な見立てや対応
⑥ストレスチェックやストレスマネジメント等の心理教育や予防的対応
⑦事件・事故等の緊急対応における被害児童生徒の心のケア

　スクールカウンセラーは，不登校やいじめ，発達障害など学校内での問題・困難だけでなく，貧困や虐待，家庭不和など子どもに影響を与える家庭の問題にも関わり，学校内外の専門家や組織・機関と連携することが求められており，そのニーズは年々高まっている。しかし，多くの公立学校では，スクールカウンセラーが週1日4時間程度しか勤務しておらず，そのニーズに十分に応えられているとはいえない状態にある。

（2）教育支援センターの心理職

　教育支援センターは都道府県や市区町村の教育委員会などが設置する施設であり，教育センター，教育相談室などの名称も用いられる。ここでは，児童生徒が直面する教育上・発達上の問題について，児童生徒本人やその保護者，教師などの相談を受け，助言などを行っており，公認心理師など心理職が対応している。また，必要に応じて，心理検査の実施やプレイセラピー^{メモ}，学校訪問などを行っている。教育支援センターのなかには，不登校児童生徒の学校復帰を目的とした**適応指導教室**を設置しているところもあり，そこでも心理職が相談や助言，心理的な支援などを行っている。

> ✎メモ
>
> **プレイセラピー**
>
> 遊びを介した心理支援の総称であり，教育支援センターや児童相談所，子どもを対象とした民間機関などで広く行われている。子どもはプレイセラピーを受け，その間に保護者は面談・カウンセリングを受ける母子並行面接を行うことも多い。

　教育支援センターでは，発達障害などの障害を有しており，教育上の特別な配慮が必要と考えられる児童生徒について，特別支援教育の必要性を検討する**就学相談**も行っている。心理職は，対象児童生徒の行動観察や心理検査，保護者との面談などを通して，教育上の特別な配慮や特別支援教育の必要性を検討し，資

料を作成したり，意見を述べたりする（第5章参照）。

（3）大学等における学生相談室のカウンセラー

　高等学校まではスクールカウンセラーが配置されているが，大学や高等専門学校のような高等教育機関にはスクールカウンセラーは配置されていない。代わりに，各大学等の学生相談室や保健管理センターなどにカウンセラーや相談員などという名称で心理職が勤務していることが多い。

　大学等のカウンセラーが対応する内容は，履修や学修に関するものや友人関係・恋愛関係など対人関係に関するもの，進路やキャリアに関するもの，パーソナリティやアイデンティティに関わるもの，教員との関係やハラスメントに関するもの，発達障害やそれに対する配慮に関するものなど多岐にわたる。なかには，統合失調症メモや気分障害（うつ病），適応障害，パニック症などの精神疾患に関わるものもあり，学校医や学外の医療機関などとの連携が必要になることもある。

　また，学生や教職員に対する心理教育，学内での広報活動（リーフレットの作成・配布など），学内関係機関・部署との連携による学内環境の調整などを行っている。

> **✎メモ**
>
> **統合失調症**
>
> 幻覚や妄想，まとまりのない会話などの陽性症状と仕事や対人関係などにおける機能低下のような陰性症状を示す精神疾患である。10歳台後半から30歳台半ばまでが好発期で，生涯有病率は1%弱である。

　これら以外にも，特別支援教育に関わる巡回相談専門家チームの一員として心理職が含まれていたり，民間のフリースクールや塾，予備校などにおいてカウンセラーとして勤務していたりする。

　教育分野における心理職は，心理支援と教育というベクトルの異なる2つの活動において，児童生徒本人やその保護者の意向，教師の意向，学校の教育方針などとバランスをとった支援を行うことが求められる。また，学校では，そこで働く者のほとんどが〈教師〉であり，スクールカウンセラーのように〈教師〉ではない者が極めて少ない環

境にある。そのような環境のなかで，効果的な活動・支援を行っていくためには，学校や教育，教師の仕事について理解し，自ら教育の場に入り，教師と関わる姿勢が求められるのである。

第 1 章

教育とは何か

日本国憲法・教育基本法・学校教育法

「教育」という言葉は誰でも知っている言葉であり，また頻繁に使われる言葉のひとつであろう。しかし，「教育とは何か？」と尋ねられて，しっかりと答えられる人は多くはないかもしれない。本章では，「教育とは何か？」「教育とは学校だけで行われるものなのだろうか？」「そもそも学校とは何か？」など，日本の法令が教育をどのように規定し，位置づけているのかについて，日本国憲法，教育基本法，学校教育法からみていきたい。

1. 教育の目的

　日本の最高法規は**日本国憲法**である。しかし，日本国憲法は教育についてそれほど規定していない。日本の教育については，教育基本法がその名の通り，基本となっている。

　教育基本法第1条には，教育の目的について，以下のように規定している。

> 教育は，人格の完成を目指し，平和で民主的な国家及び社会の形成者として必要な資質を備えた心身ともに健康な国民の育成を期して行われなければならない。（教育基本法　第1条）

第2条には，この目的を実現するために，「学問の自由を尊重しつつ」，以下の5つの目標を達成するように行われるものとされている。

> 一　幅広い知識と教養を身に付け，真理を求める態度を養い，豊かな情操と道徳心を培うとともに，健やかな身体を養うこと。
> 二　個人の価値を尊重して，その能力を伸ばし，創造性を培い，自主及び自律の精神を養うとともに，職業及び生活との関連を重視し，勤労を重んずる態度を養うこと。
> 三　正義と責任，男女の平等，自他の敬愛と協力を重んずるとともに，公共の精神に基づき，主体的に社会の形成に参画し，その発展に寄与する態度を養うこと。
> 四　生命を尊び，自然を大切にし，環境の保全に寄与する態度を養うこと。
> 五　伝統と文化を尊重し，それらをはぐくんできた我が国と郷土を愛するとともに，他国を尊重し，国際社会の平和と発展に寄与する態度を養うこと。
>
> （教育基本法　第2条）

第2条に書かれている「学問の自由」については，日本国憲法第23条に「学問の自由は，これを保障する。」と規定されている。学問の自由には，〈学問研究の自由〉〈研究発表の自由〉〈教授の自由〉の3つがあるとされている。〈学問研究の自由〉は，真理の発見・探求のための研究活動の自由が尊重されているということである。もちろん研究活動の自由が尊重されているとはいえ，日本国憲法第13条には，公共の福祉に反し，他者を害したり，他者の権利を侵害したりするようなことはあってはならないと規定されている。

> 生命，自由及び幸福追求に対する国民の権利については，公共の福祉に反しない限り，立法その他の国政の上で，最大の尊重を必要とする。（日本国憲法　第13条）

そのために，厚生労働省による「**人を対象とする医学系研究に関する倫理指針**」メモや各学会などによる倫理綱領があり，また近年では大学などにおいて研究倫理委員会が設置され，研究活動が公共の福祉に反していないかなどのチェック

研究倫理

研究倫理は，研究参加者の健康や権利を守ることが重要であり，インフォームド・コンセント（事前の十分な説明と同意），不利益のない拒否・中断の権利の保障，個人情報の取得とその扱いなどがあげられる。

が行われている。

〈研究発表の自由〉は，研究した内容について発表・公表したり，論文・書籍などを刊行したりすることを保障することである。これは日本国憲法第 21 条が規定する表現の自由とも関わっている。

〈教授の自由〉とは，特に大学および大学教員が何を教えるかについての自由を保障するものであり，日本国憲法第 23 条の「学問の自由」に由来する「大学の自治」とも関連している。一方，小学校・中学校・高等学校の教員について教授の自由が保障されるのかについては議論のあるところである。旭川学力テスト事件における最高裁判所判決（最大判昭 51.5.21）では，高等学校以下の教員においても「一定の範囲における教授の自由が保障されるべき」としている。しかし，大学と比較して，高等学校以下の子どもたちが教授内容を批判する能力を備えているとは言えないことや，子ども側に学校や教師を選択する余地が乏しいこと，教育の機会均等をはかるうえからも全国的に一定の水準を確保すべき強い要請があることなどを理由に，以下のように結論づけられている。

> 普通教育における教師に完全な教授の自由を認めることは，とうてい許されない（旭川学力テスト事件最高裁判決）

このように，高等学校以下では教員による教授の自由がある程度しか認められていないため，高等学校以下の教員は**学習指導要領**という各学校で教育課程（カリキュラム）を編成する際の基準を踏まえて，また地域や学校の実態に応じて，教育課程を編成し，その範囲で自由な教授を行っているのである。

2. 教育の種類

教育をどこで行うのかと問われると，多くの人が「学校」と答えるのではないだろうか。しかし，教育基本法では，教育を〈家庭教育〉〈学校教育〉〈社会教育〉に分けている。これに関して，教育基本法第 3 条には生涯学習の理念が示されている。

> 国民一人一人が，自己の人格を磨き，豊かな人生を送ることができるよう，その生涯にわたって，あらゆる機会に，あらゆる場所において学習することができ，その成果を適切に生かすことのできる社会の実現が図られなければならない。(教育基本法　第3条)

　また，教育基本法第13条には，生涯学習の場として，家庭教育，学校教育，社会教育が相互に連携，協力，あるいは補完をすることが求められているのである。

> 学校，家庭及び地域住民その他の関係者は，教育におけるそれぞれの役割と責任を自覚するとともに，相互の連携及び協力に努めるものとする。(教育基本法　第13条)

（1）家庭教育

　家庭教育については，教育基本法第10条において，以下のように規定されている。

> 父母その他の保護者は，子の教育について第一義的責任を有するものであって，生活のために必要な習慣を身に付けさせるとともに，自立心を育成し，心身の調和のとれた発達を図るよう努めるものとする。(教育基本法　第10条)

　この家庭教育に対して，国および地方公共団体は，第10条第2項で，その責務が示されている。

> 家庭教育の自主性を尊重しつつ，保護者に対する学習の機会及び情報の提供その他の家庭教育を支援するために必要な施策を講ずるよう努めなければならない。(教育基本法　第10条第2項)

　特に幼児期の教育については教育基本法第11条で，以下のように規定されている。しかし，子どもにどのような家庭教育を行うかは，家庭・保護者などが決めるべきものであり，家庭教育の内容について詳細は規定されていない。

> 幼児期の教育は，生涯にわたる人格形成の基礎を培う重要なものであることにかんがみ，国及び地方公共団体は，幼児の健やかな成長に資する良好な環境の整備その他適当な方法によって，その振興に努めなければならない。(教育基本法　第11条)

(2) 学校教育

　学校教育はその名の通り，「学校」で行われる教育である。学校および学校における教育については，学校教育法に規定されている。

　まず，「学校」とは幼稚園，小学校，中学校，義務教育学校，高等学校，中等教育学校，特別支援学校，大学，高等専門学校のことである (学校教育法第1条)。義務教育学校はいわゆる小中一貫校のことであり，中等教育学校は中高一貫校のことである。これらの学校を設置できるのは，国，地方公共団体，私立学校法第3条に規定された学校法人だけである (学校教育法第2条)。これらの学校のうち，小学校と中学校 (あるいは小中一貫校) の9年間が**義務教育**に相当する。義務教育は日本国憲法第26条第2項や教育基本法第5条の規定に基づいている。

> すべて国民は，法律の定めるところにより，その保護する子女に普通教育を受けさせる義務を負ふ。(日本国憲法　第26条第2項)

> 国民は，その保護する子に，別に法律で定めるところにより，普通教育を受けさせる義務を負う。(教育基本法　第5条)

　しかし，これらでは，保護者は子に普通教育を受けさせる義務を負うことを規定しているだけである。小学校や中学校が義務教育に相当することを示しているのは，学校教育法第17条第1項，および第17条第2項に基づいている。

> 保護者は，子の満六歳に達した日の翌日以後における最初の学年の初めから，満十二歳に達した日の属する学年の終わりまで，これを小学校，義務教育学校の前期課程又は特別支援学校の小学部に就学させる義務を負う。
>
> (学校教育法　第17条第1項)

> 保護者は，子が小学校の課程，義務教育学校の前期課程又は特別支援学校
> の小学部の課程を修了した日の翌日以後における最初の学年の初めから，
> 満十五歳に達した日の属する学年の終わりまで，これを中学校，義務教育
> 学校の後期課程，中等教育学校の前期課程又は特別支援学校の中学部に就
> 学させる義務を負う。(学校教育法　第17条第2項)

　なお，〈**普通教育**〉とは，全国民に対して行われる共通の，一般的・
基礎的な，職業的・専門的でない教育のことである。幼稚園や小・中
学校で行われる教育は普通教育であり，高等学校でも普通教育が行わ
れる課程は普通科と呼ばれる。大学でも普通教育に相当する一般教
育・教養教育が行われており，特別支援教育でも普通教育が行われて
いる。一方，特定の職業に関わる知識・技能を教える教育は〈職業教
育〉，より専門的な知識を教える教育は〈専門教育〉とされ，普通教育
とは分けられている。

　義務教育として行われる普通教育の目的は，教育基本法第5条第2
項に示されている。

> 各個人の有する能力を伸ばしつつ社会において自立的に生きる基礎を培い，
> また，国家及び社会の形成者として必要とされる基本的な資質を養うこと
> (教育基本法　第5条第2項)

　そして，この目的を実現するために，学校教育法第21条では，以下
の10の目標が掲げられている。

> 一　学校内外における社会的活動を促進し，自主，自律及び協同の精神，
> 　　規範意識，公正な判断力並びに公共の精神に基づき主体的に社会の形
> 　　成に参画し，その発展に寄与する態度を養うこと。
> 二　学校内外における自然体験活動を促進し，生命及び自然を尊重する精
> 　　神並びに環境の保全に寄与する態度を養うこと。
> 三　我が国と郷土の現状と歴史について，正しい理解に導き，伝統と文化
> 　　を尊重し，それらをはぐくんできた我が国と郷土を愛する態度を養う
> 　　とともに，進んで外国の文化の理解を通じて，他国を尊重し，国際社
> 　　会の平和と発展に寄与する態度を養うこと。
> 四　家族と家庭の役割，生活に必要な衣，食，住，情報，産業その他の事
> 　　項について基礎的な理解と技能を養うこと。
> 五　読書に親しませ，生活に必要な国語を正しく理解し，使用する基礎的

な能力を養うこと。

六　生活に必要な数量的な関係を正しく理解し，処理する基礎的な能力を養うこと。

七　生活にかかわる自然現象について，観察及び実験を通じて，科学的に理解し，処理する基礎的な能力を養うこと。

八　健康，安全で幸福な生活のために必要な習慣を養うとともに，運動を通じて体力を養い，心身の調和的発達を図ること。

九　生活を明るく豊かにする音楽，美術，文芸その他の芸術について基礎的な理解と技能を養うこと。

十　職業についての基礎的な知識と技能，勤労を重んずる態度及び個性に応じて将来の進路を選択する能力を養うこと。　(学校教育法　第21条)

以下では，いくつかの学校について，その概要を述べていく。

1）幼稚園

幼稚園^{メモ}は，「満三歳から，小学校就学の始期に達するまでの幼児」(学校教育法第26条) が通う学校である。幼稚園の目的は，学校教育法第22条に示されている。

> **メモ**
> **保育所**
> 幼稚園に通う子どもたちと同年代の子どもが通う施設として保育所があるが，保育所は児童福祉法に規定された児童福祉施設のひとつである。また2015年度からは幼稚園と保育所の機能を併せ持った幼保連携型認定こども園も設置されている。

義務教育及びその後の教育の基礎を培うものとして，幼児を保育し，幼児の健やかな成長のために適当な環境を与えて，その心身の発達を助長すること (学校教育法　第22条)

また，この目的を実現するために，学校教育法第23条で以下の5つの目標が掲げられている。

一　健康，安全で幸福な生活のために必要な基本的な習慣を養い，身体諸機能の調和的発達を図ること。

二　集団生活を通じて，喜んでこれに参加する態度を養うとともに家族や身近な人への信頼感を深め，自主，自律及び協同の精神並びに規範意識の芽生えを養うこと。

三　身近な社会生活，生命及び自然に対する興味を養い，それらに対する正しい理解と態度及び思考力の芽生えを養うこと。

四　日常の会話や，絵本，童話等に親しむことを通じて，言葉の使い方を正しく導くとともに，相手の話を理解しようとする態度を養うこと。

五　音楽，身体による表現，造形等に親しむことを通じて，豊かな感性と表現力の芽生えを養うこと。　(学校教育法　第23条)

幼稚園には園長，教頭，教諭をおかなければならないとされている（学校教育法第27条）。幼稚園は，上記の目的を実現する教育を行う以外に，幼児期の教育に関する諸問題について，保護者や地域住民などからの相談に応じ，必要な情報提供や助言を行うなど，家庭や地域における幼児期の教育の支援を行うことが求められている（学校教育法第24条）。

2）小学校

小学校の目的は，学校教育法第29条で定められる。

> 心身の発達に応じて，義務教育として行われる普通教育のうち基礎的なものを施すこと（学校教育法　第29条）

また，学校教育法第30条では，小学校の教育における留意点が示されている。

> 生涯にわたり学習する基盤が培われるよう，基礎的な知識及び技能を習得させるとともに，これらを活用して課題を解決するために必要な思考力，判断力，表現力その他の能力をはぐくみ，主体的に学習に取り組む態度を養うこと（学校教育法　第30条）

小学校の修業年限は，学校教育法第17条で示されるように，6年間（学校教育法第32条）であり，学齢に達していない子を入学させることはできない（学校教育法第36条）。

> 子の満六歳に達した日の翌日以後における最初の学年の初めから，満十二歳に達した日の属する学年の終わりまで（学校教育法　第17条）

また，校長，教頭，教諭，養護教諭，事務職員を置かなければならず（学校教育法第37条），必要に応じて，副校長，主幹教諭，指導教諭，栄養教諭などの職員を置くこともできる（学校教育法第37条第2項）。

3）中学校

中学校の目的は，学校教育法第45条で定められる。

> 小学校における教育の基礎の上に，心身の発達に応じて，義務教育として
> 行われる普通教育を施すこと（学校教育法　第45条）

修業年限は，学校教育法第17条第2項で示されるように，3年間（学校教育法第47条）である。配置すべき教職員については，小学校の規定が準用されている。

> 子が小学校の課程，義務教育学校の前期課程又は特別支援学校の小学部の
> 課程を修了した日の翌日以後における最初の学年の初めから，満十五歳に
> 達した日の属する学年の終わりまで（学校教育法　第17条第2項）

4）高等学校

高等学校の目的は，学校教育法第50条で定められる。

> 中学校における教育の基礎の上に，心身の発達及び進路に応じて，高度な
> 普通教育及び専門教育を施すこと（学校教育法　第50条）

その実現のために，学校教育法第51条で以下の3つの目標が掲げられている。

> 一　義務教育として行われる普通教育の成果を更に発展拡充させて，豊か
> 　　な人間性，創造性及び健やかな身体を養い，国家及び社会の形成者と
> 　　して必要な資質を養うこと。
> 二　社会において果たさなければならない使命の自覚に基づき，個性に応
> 　　じて将来の進路を決定させ，一般的な教養を高め，専門的な知識，技
> 　　術及び技能を習得させること。
> 三　個性の確立に努めるとともに，社会について，広く深い理解と健全な
> 　　批判力を養い，社会の発展に寄与する態度を養うこと。
>
> （学校教育法　第51条）

高等学校には，全日制，定時制，通信制^{メモ}の3つの課程があり，それぞれは単独で設置することも可能である（学校教育法第53条，第54条）。修業年限は全日制が3年間，定時制と通信制は3年以上とされている（学校教育法第56条）。高等学校に入学

✐メモ

通信制高等学校

インターネットや郵送などによる通信による教育を行う高校で，全国に250校程度がある。すべての教育を通信で行うわけではなく，年に数回のスクーリングを行う学校や，週に数回や毎日通う学校など，バリエーションは豊富である。また，全日制などにはない特色を有している高校も多い。

することができる者は，学校教育法第57条に規定されている。

> 中学校若しくはこれに準ずる学校若しくは義務教育学校を卒業した者若し
> くは中等教育学校の前期課程を修了した者又は文部科学大臣の定めるとこ
> ろにより，これと同等以上の学力があると認められた者 (学校教育法　第57条)

　高等学校には校長，教頭，教諭，事務職員を置かなければならず (学校教育法第60条)，必要に応じて副校長，主幹教諭，指導教諭，養護教諭，栄養教諭，養護助教諭，実習助手，技術職員などの職員を置くこともできる (学校教育法第60条第2項)。

5) 大学

　大学の目的は，学校教育法第83条に示されており，教育研究の成果を広く社会に提供することにより，社会の発展に寄与することが求められている (学校教育法第83条第2項)。

> 学術の中心として，広く知識を授けるとともに，深く専門の学芸を教授研
> 究し，知的，道徳的及び応用的能力を展開させること (学校教育法　第83条)

　大学は通常の教育を行う学部，夜間に授業を行う学部，通信による教育を行う学部に分けられる (学校教育法第86条)。大学の修業年限は4年であるが，夜間に授業を行う学部は4年以上，医学・歯学・薬学・獣医学を履修する課程については6年となる (学校教育法第87条)。ただし，修業年限4年の学部については，当該大学の学生で当該大学に3年以上在籍したものが，卒業の要件として当該大学の定める単位を優秀な成績で修得したと認める場合には，4年に達していなくても卒業を認めることができる (学校教育法第89条)。

　大学に入学することができる者は，学校教育法第90条で示されており「これと同等以上の学力があると認められた」ものとしては，高等学校卒業程度認定試験の認定などがある。

> 高等学校若しくは中等教育学校を卒業した者若しくは通常の課程による十二
> 年の学校教育を修了した者（通常の課程以外の課程によりこれに相当する
> 学校教育を修了した者を含む。）又は文部科学大臣の定めるところにより，

　大学には，学長，教授，准教授，助教，助手および事務職員を置かなければならないが，教育研究上の組織編成として適切と認められる場合には，准教授，助教，助手は置かなくてもよい（学校教育法第 92 条）。また，大学には教授会を置くことも規定されている（学校教育法第 93 条）。

　なお，大学については，学校教育法とは別に**大学設置基準**が定められている。また，大学はその教育研究水準の向上に資するために，当該大学の教育，研究，組織，運営，施設・設備などの状況について自己点検・評価を行い，公表しなければならず（学校教育法第 109 条），また，大学の教育研究等の総合的な状況について，認証評価機関からの評価を受けなければならないとされている（学校教育法第 109 条第 2 項）。

（3）社会教育

　社会教育とは，社会教育法第 2 条に以下のように定義されている。

> 学校の教育課程として行われる教育活動を除き，主として青少年及び成人に対して行われる組織的な教育活動（体育及びレクリエーションの活動を含む。）（社会教育法　第 2 条）

　教育基本法第 12 条では，社会教育の奨励が，第 12 条第 2 項では振興が求められている。

> 個人の要望や社会の要請にこたえ，社会において行われる教育は，国及び地方公共団体によって奨励されなければならない。（教育基本法　第 12 条）

> 国及び地方公共団体は，図書館，博物館，公民館その他の社会教育施設の設置，学校の施設の利用，学習の機会及び情報の提供その他の適当な方法によって社会教育の振興に努めなければならない。（教育基本法　第 12 条第 2 項）

3. 教育の原則と制限

　教育の目的が「人格の完成」や「心身ともに健康な国民の育成」で

あるため（教育基本法第1条），教育は偏り・差別なく適切に行われなければならない（日本国憲法第26条，教育基本法第4条第1項）。これは「教育の機会均等」と呼ばれる。

> すべて国民は，法律の定めるところにより，その能力に応じて，ひとしく教育を受ける権利を有する。（日本国憲法　第26条）

> すべて国民は，ひとしく，その能力に応じた教育を受ける機会を与えられなければならず，人種，信条，性別，社会的身分，経済的地位又は門地によって，教育上差別されない。（教育基本法　第4条第1項）

これらの規定は，日本国憲法第14条の「法の下の平等」にも関わるものである。

> すべて国民は，法の下に平等であつて，人種，信条，性別，社会的身分又は門地により，政治的，経済的又は社会的関係において，差別されない。
> （日本国憲法　第14条）

この教育の機会均等を維持するため，国および地方公共団体には，教育基本法第4条第2項や第4条第3項で規定された措置が求められている。

> 障害のある者が，その障害の状態に応じ，十分な教育を受けられるよう，教育上必要な支援を講じなければならない。（教育基本法　第4条第2項）

> 能力があるにもかかわらず，経済的理由によって修学が困難な者に対して，奨学の措置を講じなければならない。（教育基本法　第4条第3項）

前述のように，高等学校以下の学校における教授の自由はある程度は認められているものの，実際には学習指導要領メモなどに基づいて学習課程が編成されており，ここで何を教えるか／何を教えないかが決められている。この学習課程の編

✎メモ

学習指導要領

各学校でカリキュラムを編成する際の基準のことであり，約10年ごとに改訂されている。2017・2018・2019年度改訂では，「知識及び技能」「学びに向かう力，人間性」「思考力，判断力，表現力など」という「資質・能力の3つの柱」が示され，学習方法としては「主体的・対話的で深い学び」が示された。

成や何を教えるかについて，政治と宗教に関しては，法的な制限が課せられている（教育基本法第14条第1項, 第14条第2項, 第15条第1項, 第15条第2項）。

> 良識ある公民として必要な政治的教養は，教育上尊重されなければならない。（教育基本法　第14条第1項）

> 法律に定める学校は，特定の政党を支持し，又はこれに反対するための政治教育その他政治的活動をしてはならない。（教育基本法　第14条第2項）

> 宗教に関する寛容の態度，宗教に関する一般的な教養及び宗教の社会生活における地位は，教育上尊重されなければならない。（教育基本法　第15条第1項）

> 国及び地方公共団体が設置する学校は，特定の宗教のための宗教教育その他宗教的活動をしてはならない。（教育基本法　第15条第2項）

　なお，政治教育の制限は「法律に定める学校」であるため，公立私立を問わず，また大学を含めたすべての学校に課されているものである。一方，宗教教育の制限は「国及び地方公共団体が設置する学校」であるため，私立学校においては特定の宗教・宗派についての教育を行うことに問題はないのである。

　何を教えるかだけでなく，どのように教えるか／指導するかも教授の自由に関わるところであるが，学校教育法第11条では，体罰の禁止を規定している。

> 校長及び教員は，教育上必要があると認めるときは，文部科学大臣の定めるところにより，児童，生徒及び学生に懲戒を加えることができる。ただし，体罰を加えることはできない。（学校教育法　第11条）

　体罰については文部科学省から「体罰の禁止及び児童生徒理解に基づく指導の徹底について（通知）」（通知番号　24文科初第1269号：平成25年3月13日）が発出されている。この通知では，体罰について，以下のように示している。

> 違法行為であるのみならず，児童生徒の心身に深刻な悪影響を与え，教員等及び学校への信頼を失墜させる行為 (体罰の禁止及び児童生徒理解に基づく指導の徹底について（通知）)

> 体罰により正常な倫理観を養うことはできず，むしろ児童生徒の力による解決への志向を助長させ，いじめや暴力行為などの連鎖を生む恐れがある (体罰の禁止及び児童生徒理解に基づく指導の徹底について（通知）)

　また，部活動における体罰についても，「体罰を厳しい指導として正当化することは誤りである」としている。

　では，懲戒と体罰は何が違うのか。この通知では，**懲戒**を学校教育法施行規則に定める退学，停学，訓告，および注意，叱責，居残り，別室指導，起立，宿題，清掃，学校当番の割り当て，文書指導などの「児童生徒に肉体的苦痛を与えるものではない限り，通常，懲戒権の範囲内と判断されると考えられる行為」としている。対して**体罰**とは，「その懲戒の内容が身体的性質のもの，すなわち，身体に対する侵害を内容とするもの（殴る，蹴る等），児童生徒に肉体的苦痛を与えるようなもの（正座・直立等特定の姿勢を長時間にわたって保持させる等）に当たると判断された」行為であるとしている。しかし，実際に教員が行った懲戒行為が体罰に該当するかどうかは，対象となった児童生徒の年齢，健康，心身の発達状態，当該行為が行われた場所的・時間的環境，懲戒の態様などの諸条件を総合的に考え，個々の事案ごとに判断する必要があるとし，懲戒行為を行った教員等や，懲戒行為を受けた児童生徒・保護者の主観のみにより判断するのではなく，諸条件を客観的に考慮して判断すべきであるとしている。

　教育現場では，児童生徒が教員等に暴力行為を行うこともあり，それを制止したり，教員自身や他の児童生徒を防衛したりするために行った行為によって，結果としてその児童生徒に身体への侵害や肉体的苦痛を与えることがある。このような「やむを得ずした有形力の行使」は正当な行為 (正当防衛あるいは正当行為) として，体罰には該当せず，刑事上又は民事上の責めを免れ得るとしている。

　懲戒，体罰，正当な行為の違いについては，「学校教育法第11条に

表1-1 懲戒・体罰・正当な行為の具体例

体罰 （通常，体罰と判断されると考えられる行為）	○**身体に対する侵害を内容とするもの** ・体育の授業中，危険な行為をした児童の背中を足で踏みつける。 ・帰りの会で足をぶらぶらさせて座り，前の席の児童に足を当てた児童を，突き飛ばして転倒させる。 ・授業態度について指導したが反抗的な言動をした複数の生徒らの頬を平手打ちする。 ○**被罰者に肉体的苦痛を与えるようなもの** ・放課後に児童を教室に残留させ，児童がトイレに行きたいと訴えたが，一切，室外に出ることを許さない。 ・別室指導のため，給食の時間を含めて生徒を長く別室に留め置き，一切室外に出ることを許さない。 ・宿題を忘れた児童に対して，教室の後方で正座で授業を受けるよう言い，児童が苦痛を訴えたが，そのままの姿勢を保持させた。
認められる懲戒 （通常，懲戒権の範囲内と判断されると考えられる行為・ただし肉体的苦痛を伴わないものに限る。）	※学校教育法施行規則に定める退学・停学・訓告以外で認められると考えられるものの例 ・放課後等に教室に残留させる。 ・授業中，教室内に起立させる。 ・学習課題や清掃活動を課す。 ・学校当番を多く割り当てる。 ・立ち歩きの多い児童生徒を叱って席につかせる。 ・練習に遅刻した生徒を試合に出さずに見学させる。
正当な行為 （通常，正当防衛，正当行為と判断されると考えられる行為）	○**児童生徒から教員等に対する暴力行為に対して，教員等が防衛のためにやむを得ずした有形力の行使** ・児童が教員の指導に反抗して教員の足を蹴ったため，児童の背後に回り，体をきつく押さえる。 ○**他の児童生徒に被害を及ぼすような暴力行為に対して，これを制止したり，目前の危険を回避するためにやむを得ずした有形力の行使** ・休み時間に廊下で，他の児童を押さえつけて殴るという行為に及んだ児童がいたため，この児童の両肩をつかんで引き離す。 ・全校集会中に，大声を出して集会を妨げる行為があった生徒を冷静にさせ，別の場所で指導するため，別の場所に移るよう指導したが，なおも大声を出し続けて抵抗したため，生徒の腕を手で引っ張って移動させる。

資料）「学校教育法第11条に規定する児童生徒の懲戒・体罰等に関する参考事例」をもとに作成

規定する児童生徒の懲戒・体罰等に関する参考事例」に具体的に掲載されている（表1-1）ので参考にしてほしい。

学校内におけるチーム援助

　高橋先生は，中学校で2年生の学級担任をしている。高橋先生の学級に在籍しているヒカリさんは，2か月ほど前から教室に入ることができず，日中は空き教室で勉強をしている。高橋先生も授業のない時間にはヒカリさんのところに行き，勉強を教えたり，おしゃべりをしたりして，積極的に関わりをもっている。先日，ヒカリさんの表情が明るく，学校生活などについて前向きな発言もみられるようになったことから，ヒカリさんに教室に入ることを提案すると，ヒカリさんは「教室に入るのは難しいが，放課後の部活動なら見学したい」と言った。

　高橋先生は，ヒカリさんの発言を嬉しく思い，さっそく，学年教師の会議で報告したところ，同じ学年教師である佐々木先生から「授業に参加できない生徒が（以前所属していたバレー部の）部活動を見学するのは問題があるのではないか」との意見が出された。高橋先生は佐々木先生の説得を試みたが，意見は平行線で，結論は持ち越しとなった。

　会議の後，高橋先生が学年主任の後藤先生に相談したところ，「"援助チーム"を作って話し合いましょう」と提案された。

STEP1：校務分掌とチーム援助を知る

　日本では，小学校は学級担任制，中学校・高等学校は教科担任制をとっている。そのため，小学生が主に関わる教師は担任教師であり，ほかに音楽などの専科の教員や養護教諭など数名しかいない。一方，中学校や高等学校になると，担任教師や養護教諭だけでなく，各科目の担当教師，委員会や部活動の教師など多数の教師と関わることになる。そして，これらの教師は，授業を行う，部活の指導をするなど生徒からみえる業務・役割以外の役割（役職）を有していることが多い。

　校務分掌のなかでも，校長や養護教諭，生徒指導主事など，法・規則

的に規定されているものがいくつかある。小・中学校における主な役職を表 1-2 にまとめた。

　これら以外にも，教育相談担当，特別支援教育担当（または特別支援教育コーディネーター），委員会担当，部活顧問などの役割（役職）がある。また，教師以外の人材としては，事務職員，スクールカウンセラー，部活動指導員なども，学校内において生徒に関わることになる。

　このように，学校内では中学生一人ひとりを多くの教職員等で担当したり，関わったりしている。そのようななかで，それぞれの生徒と教師の間での異なる関係性がつくられ，またその生徒に対してもっている情報が教師によって異なるということも生じてくる。このような状態は，生徒に何らかの問題や困難が生じたときに，対応・援助に対する考え方やその方法に対する違いとして現れ，時に教師間で葛藤や対立を生むことにもつながる。また，個々の教職員等が有している知識や情報，時間，援助方法には限界があり，一人（あるいは少数）の教職員で対応できる生徒の問題や困難には限りがある。さらに，複数の教職員等が一人の生徒に対して異なる方針や方法で援助を行うことで，生徒に対してさらなる混

表 1-2　小・中学校における主な役職（学校教育法第 37 条，学校教育法施行規則第 44 条〜46 条，第 70 条，第 71 条）

役職	職務内容	備考
校長	校務をつかさどり，所属職員を監督する	小中必須
副校長	校長を助け，命を受けて校務をつかさどる	
教頭	校長・副校長を助け，校務を整理し，必要に応じて児童等の教育をつかさどる	小中必須
主幹教諭	校長・副校長・教頭を助け，命を受けて校務の一部を整理し，ならびに児童等の教育をつかさどる	
指導教諭	児童等の教育をつかさどり，ならびに教諭その他の職員に対して，教育指導の改善および充実のために必要な指導及び助言を行う	
教務主任	校長の監督を受け，教育計画の立案その他の教務に関する事項について連絡調整および指導，助言にあたる	小中必須
学年主任	校長の監督を受け，当該学年の教育活動に関する事項について連絡調整および指導，助言にあたる	小中必須
養護教諭	児童等の養護をつかさどる	小中必須
生徒指導主事	校長の監督を受け，生徒指導に関する事項をつかさどり，当該事項について連絡調整および指導，助言にあたる	中学校のみ
進路指導主事	校長の監督を受け，生徒の職業選択の指導その他の進路の指導に関する事項をつかさどり，当該事項について連絡調整および指導，助言にあたる	中学校のみ

乱をもたらす可能性もある。

　このような問題に対して，学校心理学では「**チーム援助**」という考え方を示している。チーム援助とは「複数の援助者が，共通の目的をもって，役割分担しながら子どもの援助に当たること」(石隈・田村, 2018)であり，チーム援助を行う援助者集団を「援助チーム」と呼ぶ。石隈・田村(2018)は援助チームのタイプを，①コア援助チーム，②拡大援助チーム，③ネットワーク型援助チーム，に大別している (図1-1)。

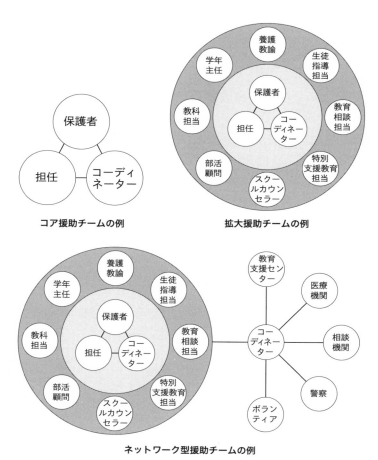

コア援助チームの例　　　　拡大援助チームの例

ネットワーク型援助チームの例

図 1-1　　3つのタイプの援助チーム(石隈・田村, 2018)

コア援助チームは，生徒の問題や困難に対してつくられる，最小限のチームである。構成員は，担任教師，当該生徒の保護者，コーディネーターの三者である。**コーディネーター**とは人と人とをつないで援助チームを作る役割を担う者であり，教育相談担当，学年主任，生徒指導主事，特別支援教育担当，養護教諭，スクールカウンセラーなど，対象生徒やその保護者のことをよく知っており，生徒の問題・困難や援助等に理解や経験のある者がつく。コーディネーターの役割としては，次のようなものがある（石隈・田村，2018）。

①援助チームでの話し合いを行うタイミングを見極める。
②それぞれの援助者のもち味を生かす。
③話し合いのなかで，司会者の役割を担う。
④連絡について確認する。

コーディネーターは援助チームのリーダーでも責任者でもなく，援助を立案し実行していくための中立的な存在であり，いわば「縁の下の力持ち」に徹することが求められる。

拡大援助チームは，コア援助チームを中心（核）としながらも，必要に応じて，他の教職員をメンバーとして加えて構成される援助チームである。メンバーが増えるほど，情報が多く集まり，援助の方法や内容も多様になることが考えられるが，一方で，意見の対立や守秘義務の問題が生じる恐れもあることから，必要最低限のメンバーで構成することが望ましい。

ネットワーク型援助チームは，生徒の問題・困難が学校外に及んでいる場合や，自傷行為や暴力行為など危機介入が必要な場合，学校内の資源だけでは十分に援助できない場合などに構成される援助チームである（学校外資源については，第4章参照）。

このように，生徒の問題・困難に対して援助チームを構成することで，生徒に関する情報を幅広く収集し整理することが可能となり，援助の方針や方法などを統一し，複数の教職員等による多様な関わり・援助をもつことができ，生徒の問題・困難に対して効果的な援助ができるように

なると考えられている。

STEP2：事例に対処する

　学年主任の後藤先生から「援助チームの構築」を提案された高橋先生は，後藤先生に援助チームの構築を依頼し，またコーディネーターになってもらうよう頼んだ。後藤先生は，担任教師の高橋先生，ヒカリさんのお母さん，バレー部の顧問，同じ学年の佐々木先生，スクールカウンセラーをメンバーとした「拡大援助チーム」を構成した。

　そのなかで，高橋先生はヒカリさんの学校での様子や部活動を見学したいという希望が出されたことを伝え，できれば部活動の見学を認めてもらいたいと話した。また，ヒカリさんのお母さんからも，家庭での様子が落ち着いてきたこと，勉強にも取り組み，学校での生活についても少しずつ意欲が出てきている様子が伝えられた。一方，佐々木先生は教室に入っていないヒカリさんに部活動の見学を認めることはできないという立場を主張した。バレー部の顧問は，ヒカリさんがもともとバレー部に所属していたことから，見学だけではかえって他の部員が気にするのではないかと危惧を示した。

　コーディネーターである後藤先生は，意見の対立・葛藤がみられていることも考慮して，部活動への見学をひとつのきっかけとして，ヒカリさんの学校での生活の場を空き教室以外に広げていくことを提案した。具体的には，部活動の見学，スクールカウンセラーとの面談，図書室の利用，行事・集会への参加などを通して，空き教室以外の場所でも生活できることをヒカリさんに伝え，また実際にそのように過ごすことで，徐々に教室への移行を促そうと考えた。この提案には，高橋先生やヒカリさんのお母さん，スクールカウンセラーは同意した。また，バレー部の顧問は，部員にヒカリさんが見学に来ることを事前に伝えることを条件に承諾した。佐々木先生は，そのような試みを一定期間行い，それでも教室に入れない場合には，別の方法を考えることを求め，その要望をメンバー全員が共有した。

　後日，ヒカリさんは放課後，バレー部の部活動の見学に行った。同級生や先輩の部員から声をかけられ，恥ずかしそうに応えていた。また，

スクールカウンセラーの面談を行ったり，学年集会を後ろから参加したりするなど，少しずつ学校での生活の場を広げていった。このような試みを 3 週間続けた結果，「国語だけなら」と言って，ヒカリさんは教室に入っていくことができた。

STEP3：チームとしての学校について考える

　このように学校には，さまざまな役職や専門性をもった教職員が多数いる。しかし，これまでは担任教師など特定の教職員が多くの生徒の問題・困難に対処することがみられており，それが教職員の負担にもなっていた。

　学校心理学で「チーム援助」という考え方・実践が進められ，医療などでも「チーム医療」などチームでの医療・援助等が推進されるなか，学校においても，**チームとしての学校 (チーム学校)**」という考え方が提案され，定着しつつある。中央教育審議会「チームとしての学校の在り方と今後の改善方策について (答申)」(2015) では，「チームとしての学校」像を「校長のリーダーシップの下，カリキュラム，日々の教育活動，学校の資源が一体的にマネジメントされ，教職員や学校内の多様な人材が，それぞれの専門性を生かして能力を発揮し，子供たちに必要な資質・能力を確実に身に付けさせることができる学校」としている (図1-2)。

　チームとしての学校を実現するためには，①専門性に基づくチーム体制の構築，②学校のマネジメント機能の強化，③教職員一人ひとりが力を発揮できる環境の整備，という 3 つの視点に沿って検討を行い，学校のマネジメントモデルの転換を図っていくことが求められている。また，教職員一人ひとりが学習指導や生徒指導などの専門性を高めるとともに，スクールカウンセラーのような専門スタッフを学校のメンバーとして受け入れ，その専門的な知識・技能を積極的に取り入れていこうとする姿勢が求められる。そして，校長のリーダーシップのもと，学校のマネジメントモデルの転換を行い，情報共有や連携・協働ができるような体制づくりが求められている。このようなマネジメントモデルは，生徒等への効果的な援助を資するだけでなく，専門スタッフが対応すべきところは専門スタッフに任せることにより，教員はこれまでよりも教育指導に

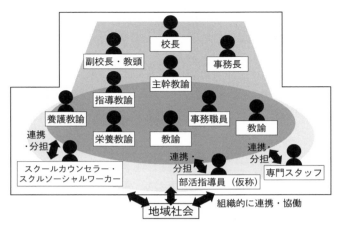

図 1-2 「チームとしての学校」イメージ図(中央教育審議会, 2015)

専念できるようになることが期待されている。

　このような「チームとしての学校」への動きは始まったばかりであるが，このような動きが進むことにより，生徒や保護者，教師・学校，地域などが連携・協働し，援助の手が届きやすい環境が生まれていくと考えられる。

事　例

　中学1年生のリョウは，小学校の頃から勉強についていくことが難しく，またクラスメイトと間でケンカなどのトラブルを起こし，教師に叱られることが多かった。中学生になると，非行傾向のある先輩グループと行動を共にすることが多くなり，髪の毛を茶色に染め，校則違反の服装で登校するようになった。その姿を見て，クラスメイトは怖がり，リョウとの関わりを避けるようになった。

　リョウの担任である佐山先生は根気強くリョウに話しかけ，関係を構築しようと試みた。その結果，リョウが小学6年生のときに両親が離婚し，現在は母親とともに生活していること，本当は先輩たちから離れたいが，グループから抜けようとすると何をされるかわからないから怖いことなどを話してくれた。

　これらの話を聞いた佐山先生は，リョウにとって学校や学級が居場所になれるように工夫する必要があると考え，学年主任の太田先生に相談したところ，リョウの母親や養護教諭の三田先生，スクールカウンセラーの戸山さんなどとともに，今後の対応について話し合う場を設定しようと提案された。

考えてみよう！

　リョウにはさまざまな問題や困難が生じています。リョウに生じている問題や困難を取り出し，それらの関係性を整理してみましょう。

　例）

話し合ってみよう！

　リョウに対して学校・教師は何を目標として，どのように関わっていけばいいでしょうか。またその関わりは誰が行い，どのくらいの期間が必要でしょうか。いくつかの問題・困難について取り上げ，話し合ってみましょう。

ロールプレイをしてみよう！

　リョウに対する情報共有や支援について話し合う初めての機会を想定して，①担任の佐山先生，②リョウの母親，③養護教諭の三田先生，④スクールカウンセラーの戸山さん，⑤学年主任の太田先生（コーディネーター役）になって，ロールプレイをしてみましょう。

脱 " 金八先生シンドローム "

　教師の長時間労働や多忙化が指摘されて久しい。朝早く登校して，授業をし，昼食もかき込むように食べて，また授業。放課後は部活動に委員会活動，生徒指導や進路指導，保護者対応，会議を行う。提出物の確認やテストの採点，授業の準備などは日が落ちてから行う。週末も部活動の練習や大会引率，行事などでつぶれる。それ以外にも，集金，校内清掃，地域の見回りなどを行う。児童生徒が問題を起こせば，現場や警察にも行き，謝罪したり身元引受人になったりすることもある。まさに " 何でも屋 " である。そんな " 何でも屋 " であることを，教師自身も受け入れ，また日本社会も当たり前のように期待している。

　いつから日本の教師が多忙で長時間労働をする " 何でも屋 " になったのであろうか。少なくとも，1966 年度の教師の平均残業時間は 1 か月あたり 8 時間程度であったとされている。1980 年代に入ると校内暴力が社会問題化するとともに，受験戦争と呼ばれるほど受験・進学に熱が入るようになった。このころから，教師の " 何でも屋 " 化が進み，多忙・長時間労働が進んだと考えられる。

　そして，それを後押ししたのが 1979 年 10 月から半年間放送されたドラマ『3 年B 組金八先生』(TBSテレビ) である。15 歳の妊娠，受験戦争，不登校などをテーマに，武田鉄矢演じる坂本金八が，昼夜を問わず，生徒と向き合い，奮闘する姿を描いたドラマであり，平均視聴率 24.4%，最終回の視聴率 39.9% を叩き出した。『金八先生』は 2007 年 10 月から半年間放送された第 8 シリーズまで制作された。その間にも単発のスペシャルドラマが放送され，2011 年 3 月 27 日に放送されたファイナルで完結することになる。この『金八先生』は日本中に多大な影響を与え，日本国民に，教師は生徒のためであれば昼夜を問わず，プライベートを捨ててでも関わるものであるという一種の信仰ともいえる " 金八先生シンドローム " を生み出したといえる。これはファイナルのタイトル「日本中があなたの生徒でした」にも表れている。実際，『金八先生』以降も，『教師びんびん物語』(田原俊彦主演，フジテレビ系)，『みにくいアヒルの子』(岸谷五朗主演，フジテレビ系)，『GTO』(反町隆史主演，フジテレビ系)，『ごくせん』(仲間由紀恵主演，日本テレビ系)，『女王の教室』(天海祐希主演，日本テレビ系) など，教師を主役としたドラマの多くが，教師一人でどんな生徒にも向き合い，またどんな問題も解決に導くストーリーで描かれている。

　当然，誰もが「ドラマはドラマ，現実とは違う」とわかっている。しかし，いざ自分の子どもの担任をみると，金八先生のように熱心ではない，金八先生のように子どもを導いてくれないと不満を抱いてはいないだろうか。そして，そのような不満を教師に向け，教師の多忙化や長時間労働に拍車をかけてはいないだろうか。

　「チームとしての学校」は，日本国民が金八先生シンドロームから脱するために必要な学校の在り方，教師の働き方を提言している。もはや教師一人でなんでも抱え込み解決することを求めることは適切ではない。そのことを日本国民一人ひとりが理解し，新たな教師像を作ることが求められているのである。

第2章

子どもの心身の健康を守る

学校保健安全法

　　学校は勉強・学習の場だけではなく，子ども同士や子ども－教職員間の交流の場であり，また子どもの心身の健康を観察し，増進を図っていく場でもある。子どもの心身の健康に関する法律として，学校保健安全法がある。学校保健安全法は大きく，〈学校保健〉と〈学校安全〉に分けられている。本章では，学校保健安全法を中心に学校保健と学校安全について概観し，近年多くみられる災害や事件事故などの危機状況の対応と被害にあった子どもたちのケアについて，手引などをもとにみていきたい。

1. 学校保健

(1) 学校保健と健康診断，環境衛生検査

　　学校保健とは，「児童生徒等及び職員の心身の健康の保持増進を図るため，児童生徒等及び職員の健康診断，環境衛生検査，児童生徒等に対する指導その他保健に関する事項」(学校保健安全法第5条) のことである。つまり，①児童生徒および職員の健康診断，②環境衛生検査，③児童生徒等に対する指導，④その他の4つに大別される。以下では，そのうちの3つについて詳説する。

1）児童生徒および職員の健康診断

　児童生徒**健康診断**には，就学時の健康診断と毎年行う健康診断がある。就学時の健康診断は学校保健安全法第11条に規定されている。

> 市（特別区を含む。以下同じ。）町村の教育委員会は，学校教育法第17条第1項の規定により翌学年の初めから同項に規定する学校に就学させるべき者で，当該市町村の区域内に住所を有するものの就学に当たつて，その健康診断を行わなければならない。（学校保健安全法　第11条）

　市町村の教育委員会は，就学時の健康診断の結果について，「治療を勧告し，保健上必要な助言を行い，及び学校教育法第17条第1項に規定する義務の猶予若しくは免除又は特別支援学校への就学に関し指導を行う等適切な措置をとらなければならない。」とされている（学校保健安全法第12条）。ここにある「義務の猶予若しくは免除」については，学校教育法第18条に規定されている。

> 保護者が就学させなければならない子（以下それぞれ「学齢児童」又は「学齢生徒」という。）で，病弱，発育不完全その他やむを得ない事由のため，就学困難と認められる者の保護者に対しては，市町村の教育委員会は，文部科学大臣の定めるところにより，同条第1項又は第2項の義務を猶予又は免除することができる。（学校教育法　第18条）

　また「特別支援学校への就学に関し指導を行う等適切な措置」は，就学相談・就学指導と呼ばれるものである。就学相談については，第5章（事例を読む）にて説明する。

　毎年の健康診断については，学校保健安全法第13条で児童生徒に対する規定がなされている。また，児童生徒等の健康診断に対する措置については，学校保健安全法第14条で規定されている。

> 学校においては，前条の健康診断の結果に基づき，疾病の予防処置を行い，又は治療を指示し，並びに運動及び作業を軽減する等適切な措置をとらなければならない。（学校保健安全法　第14条）

　職員の健康診断については，学校保健安全法第15条で，毎年行わなわなければならないと規定されている。また，学校保健安全法第16条

では，健康診断の結果に対する措置について規定している。

> 学校の設置者は，前条の健康診断の結果に基づき，治療を指示し，及び勤務を軽減する等適切な措置をとらなければならない。(学校保健安全法 第16条)

2) 環境衛生検査

環境衛生検査について，学校の設置者は文部科学大臣が定める「学校における換気，採光，照明，保温，清潔保持その他環境衛生に係る事項（…中略…）について，児童生徒等及び職員の健康を保護する上で維持されることが望ましい基準」(学校環境衛生基準)に照らして，設置する学校の適切な環境維持に努めなければならないとされている (学校保健安全法第6条第2項)。

3) 児童生徒等に対する指導

児童生徒等に対する指導は，〈健康相談〉と〈保健指導〉に分けられる。とても重要なところなので，以下，それぞれについて項目を立てて取り上げ，詳しく説明する。

(2) 健康相談

児童生徒等に対する指導に含まれる1つめの**健康相談**については，学校保健安全法第8条に規定されている。

> 学校においては，児童生徒等の心身の健康に関し，健康相談を行うものとする。(学校保健安全法 第8条)

また，健康相談の目的については，文部科学省「教職員のための子どもの健康相談及び保健指導の手引」(以下，「手引」)において，以下のように示されている。

> 児童生徒の心身の健康に関する問題について，児童生徒や保護者等に対して，関係者が連携し相談等を通して問題の解決を図り，学校生活によりよく適応していけるように支援していくこと (教職員のための子どもの健康相談及び保健指導の手引)

健康相談は，以前の学校保健法では**学校医**^{メモ}や**学校歯科医**が行うものとされ，養護教諭が行うものは健康相談活動として区別されていた。しかし，学校保健安全法では，特定の教職員に限定せずに，学校において行われるものを健康相談として整理された。

　健康相談の主な対象者は，下記となっている。

①健康診断の結果，継続的な観察指導を必要とする者
②保健室等での児童生徒の対応を通して健康相談の必要があると判断された者
③日常の健康観察の結果，継続的な観察指導を必要とする者（欠席・遅刻・早退の多い者，体調不良が続く者，心身の健康観察から健康相談が必要と判断された者等）
④健康相談を希望する者
⑤保護者等の依頼による者
⑥修学旅行，遠足，運動会，対外運動競技会等の学校行事に参加させる場合に必要と認めた者
⑦その他

　健康相談は〈対象者の把握〉〈問題の背景の把握〉〈支援方針・支援方法の検討〉〈実施・評価〉の４つの段階で構成されている（図2-1）。
　まず，〈対象者の把握〉の段階（図内【1】）では，児童生徒等の訴えや健康診断の結果，普段の観察などを通して，児童生徒等が健康相談の対象に該当するかを確認する。その結果，健康相談の対象にならない場合もあれば，１回だけの健康相談で終了する場合もある。継続的な支援が必要と判断された場合には，〈問題の背景の把握〉（図内【2】）を行っていく。この〈問題の背景の把握〉の段階（図内【2】）では，医学的要因や心理社会的要因の把握が必要となる。しかし，教職員など一人ひとりがもっている情報では不十分であるため，教職員間や保護者などとの情報交換により，児童生徒等を多面的・総合的に理解し，問題の本質を捉える必要がある。次の〈支援方針・支援方法の検討〉の段階（図内【3】）では，把握した問題の背景・本質に対する支援について，

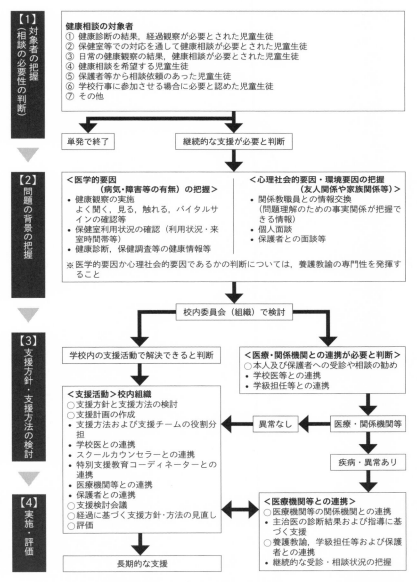

【1】対象者の把握（相談の必要性の判断）

健康相談の対象者
① 健康診断の結果，経過観察が必要とされた児童生徒
② 保健室等での対応を通して健康相談が必要とされた児童生徒
③ 日常の健康観察の結果，健康相談が必要とされた児童生徒
④ 健康相談を希望する児童生徒
⑤ 保護者等から相談依頼のあった児童生徒
⑥ 学校行事に参加させる場合に必要と認めた児童生徒
⑦ その他

単発で終了　　　継続的な支援が必要と判断

【2】問題の背景の把握

＜医学的要因
　　（病気・障害等の有無）の把握＞
• 健康観察の実施
　よく聞く，見る，触れる，バイタルサインの確認等
• 保健室利用状況の確認（利用状況・来室時間帯等）
• 健康診断，保健調査等の健康情報等

＜心理社会的要因・環境要因の把握
　　（友人関係や家族関係等）＞
• 関係教職員との情報交換
　（問題理解のための事実関係が把握できる情報）
• 個人面談
• 保護者との面談等

※医学的要因か心理社会的要因であるかの判断については，養護教諭の専門性を発揮すること

校内委員会（組織）で検討

【3】支援方針・支援方法の検討

学校内の支援活動で解決できると判断

＜支援活動＞校内組織
○ 支援方針と支援方法の検討
○ 支援計画の作成
• 支援方法および支援チームの役割分担
• 学校医との連携
• スクールカウンセラーとの連携
• 特別支援教育コーディネーターとの連携
• 医療機関等との連携
• 保護者との連携
○ 支援検討会議
○ 経過に基づく支援方針・方法の見直し
○ 評価

＜医療・関係機関との連携が必要と判断＞
○ 本人及び保護者への受診や相談の勧め
• 学校医等との連携
• 学級担任等との連携

異常なし　←　医療・関係機関等

疾病・異常あり

＜医療機関等との連携＞
○ 医療機関等の関係機関との連携
• 主治医の診断結果および指導に基づく支援
○ 養護教諭，学級担任等および保護者との連携
• 継続的な受診・相談状況の把握

【4】実施・評価

長期的な支援

資料）新用語概説　少年写真新聞社 2009 および文部科学省「教職員のための子どもの健康相談及び保健指導の手引」（2011）を一部改変

図2-1　学校における健康相談の基本的なプロセス

関係者で支援チームを構成し共通理解を図り，役割分担をして組織的に支援していくことが求められる。また，問題によっては，学校内の支援活動で解決できるケースと医療・関係機関との連携が必要と判断されるケースがある。医療・関係機関との連携が必要と判断されるケースでは，児童生徒本人やその保護者に医療・関係機関への受診・相談を勧め，そこでの診断・対応なども含めて，支援方針・支援方法を検討することになる。支援方針・支援方法が定まったら，〈実施・評価〉の段階 (図内【4】) に進むことになる。学校内の支援活動で解決できると判断されるケースについては，校内委員会 (校内組織) で，支援計画を作成し，支援チームの役割分担を行っていく。学校医やスクールカウンセラー，特別支援教育コーディネーター，保護者などと連携しながら，支援を継続していく。医療・関係機関との連携が必要と判断されるケースについても，医療・関係機関での受診・相談を継続し，また医療・関係機関との連携を進めながら，校内委員会を中心に支援を進めていく。なお，主な関係機関には表2-1のようなものがある。また，問題によっては支援が長期化する場合もある。その際には，長期的，短期的な支援目標の達成状況や支援方法について，学期末や学年末に総括的評価を行うことが必要になる。総合的評価から目標達成に困難が予想される場合は，支援方針や支援方法について見直し，再度支援計画を作成することが必要となるだろう。

　健康相談の中心的な役割を担う教職員として，**養護教諭**があげられる。中央教育審議会「子どもの心身の健康を守り，安全・安心を確保するために学校全体としての取組を進めるための方策について (答申)」(2008) では，養護教諭の職務を，保健管理，保健教育，健康相談，保健室経営，保健組織活動の5つに分けている。健康相談を特出していることからも，養護教諭が担う健康相談における役割の重要性がうかがえる。また「手引」でも，養護教諭の職務の特質としてあげられる主な事項として，以下などがあるとしている。

　　ア　全校の子どもを対象としており，入学時から経年的に児童生徒の成
　　　　長・発達を見ることができる。

表 2-1　地域の主な関係機関とその役割 (文部科学省, 2011)

地域社会の 主な関係機関	主な役割	主な専門職と役割
教育センター 教育委員会所管の機関	子どもの学校や家庭での様子等を聞き取り，必要に応じて各種心理検査等を実施し，総合的に判断した上で，学校・家庭での対応や配慮等の具体的支援について，相談員がアドバイスする。医療機関等との連携も行っている。	○心理職 　臨床心理士（心理カウンセリング，教職員・保護者への指導・助言等） ○臨床発達心理士 　発達心理を専門とした心理職
子ども家庭相談センター （児童相談所）	子どもの虐待をはじめ専門的な技術援助及び指導を必要とする相談に応え，問題の原因がどこにあるか，どのようにしたら子どもが健やかに成長するかを判定し，その子どもに最も適した指導を行っている。	○児童福祉司 　児童の保護・相談 ○児童心理司 　心理判定
精神保健福祉センター	心の問題や病気，アルコール・薬物依存の問題，思春期・青年期における精神医学的問題について，専門の職員が相談に応じている。また，精神保健福祉に関する専門的機関として，地域の保健所や関係諸機関の職員を対象とする研修を行ったり，連携や技術協力・援助をとおして地域保健福祉の向上のための活動をしている。	○精神科医 　精神福祉相談 ○精神保健福祉士 　精神福祉領域のソーシャルワーカー ○保健師 　健康教育・保健指導 ○心理職 　臨床心理士（心理カウンセリング，本人・保護者への指導・助言等）
発達障害者支援センター	自閉症等発達障害に対する専門的な相談支援，療育支援を行う中核的な拠点センターとして活動を行っている。自閉症，アスペルガー症候群，学習障害（LD），注意欠陥多動性障害（ADHD）などの発達障害のある子どもや家族にかかわるすべての関係者のための支援センターである。	○精神科医 ○心理職 　臨床心理士（心理査定，心理カウンセリング，本人，保護者への指導・助言） ○保健師 　健康教育・保健指導
保健所（健康福祉事務所） 保健センター	子どもの虐待及びドメスティック・バイオレンス（DV）をはじめ，難病の相談や講演会・交流会等，子どもと家庭の福祉に関する相談指導を行っている。	○医師 ○社会福祉士 　ソーシャルワーカー ○保健師 　健康教育・保健指導
警察 少年サポートセンター	万引き，薬物乱用等の非行，喫煙や深夜はいかい等の不良行為，また，いじめ，児童虐待，犯罪被害等で悩んでいる子どもや保護者等からの相談に応じ，問題の早期解決に向け，支援する。	○心理職 　臨床心理士（心理カウンセリング，本人・保護者への指導・助言） ○警察関係者（少年相談，本人・保護者への指導・助言）

イ　活動の中心となる保健室は，誰でもいつでも利用でき安心して話ができるところである。

ウ　子どもは，心の問題を言葉に表すことが難しく，身体症状として現れやすいので，問題を早期に発見しやすい。

エ　保健室頻回来室者，不登校傾向者，非行や性に関する問題など様々な問題を抱えている児童生徒と保健室でかかわる機会が多い。

オ　職務の多くは学級担任をはじめとする教職員，学校医等，保護者等との連携の下に遂行される。

　このような特質から，「手引」では，養護教諭の役割について，以下のように述べている。

> いじめや児童虐待などの早期発見，早期対応に果たす役割や，健康相談や保健指導の必要性の判断，受診の必要性の判断，医療機関などの地域の関係機関等との連携におけるコーディネーターの役割などが求められている
> （教職員のための子どもの健康相談及び保健指導の手引）

　なお，保健室については，学校保健安全法第7条に規定されている。

> 学校には，健康診断，健康相談，保健指導，救急処置その他の保健に関する措置を行うため，保健室を設けるものとする。（学校保健安全法　第7条）

　前に述べた通り，健康相談は養護教諭など特定の教職員に限らず行うものとなっている。そのなかで，学級担任等が健康相談を行う際には，「一人で抱え込まず養護教諭をはじめ，関係者と連携し，児童生徒の心身の健康問題について情報の共有化を図り，組織的に対応すること」が求められている（「手引」）。また，学校医・学校歯科医・学校薬剤師等が健康相談を行う場合には，以下のことが求められている。

> 受診の必要性の有無の判断，疾病予防，治療等の相談及び学校と地域の医療機関等とのつなぎ役など，主に医療的な観点から行われ，専門的な立場から学校及び児童生徒を支援していくこと（教職員のための子どもの健康相談及び保健指導の手引）

（3）保健指導

　保健指導について，学校保健安全法第9条や「手引」では，以下の

ように定義している。

養護教諭その他の職員は，相互に連携して，健康相談又は児童生徒等の健康状態の日常的な観察により，児童生徒等の心身の状況を把握し，健康上の問題があると認めるときは，遅滞なく，当該児童生徒等に対して必要な指導を行うとともに，必要に応じ，その保護者（学校教育法第十六条に規定する保護者をいう。第二十四条及び第三十条において同じ。）に対して必要な助言を行うものとする。(学校保健安全法　第9条)

個々の児童生徒の心身の健康問題の解決に向けて，自分の健康問題に気付き，理解と関心を深め，自ら積極的に解決していこうとする自主的，実践的な態度の育成を図るために行われるもの(教職員のための子どもの健康相談及び保健指導の手引)

　保健指導が心身の健康問題の発生を未然に防ぐことを目的とした一次予防であるのに対し，健康相談は心身の健康問題の早期発見及び早期対応を目的とした二次予防として位置づけられる。ただし，「健康相談と保健指導は，明確に切り分けられるものではなく，相互に関連して展開されているものである」とされている(「手引」)。
　また，保健指導の主な対象者は，下記となっている。

①健康診断の結果，保健指導を必要とする者
②保健室等での児童生徒の対応を通して，保健指導の必要性がある者
③日常の健康観察の結果，保健指導を必要とする者
④心身の健康に問題を抱えている者
⑤健康生活の実践に関して問題を抱えている者
⑥その他

　保健指導は，「個別の保健指導」と「特別活動における保健指導」に分けられる。両者の違いを表2-2に示した。「個別の保健指導」は小グループを含めた個別的に行われる保健指導である。「個別の保健指導」も「特別活動における保健指導」も，児童生徒等の発達段階を考慮して行われなければならず，また家庭や地域社会との連携を図りながら実施するよう留意しなければならない。「特別活動における保健指導」は教育課程に位置づけられて実施されている。学習指導要領の特別活

表 2-2　個別の保健指導と特別活動における保健指導の目的・内容等の概略

（文部科学省, 2011 を一部改変）

	保健指導	
	個別の保健指導	**特別活動における保健指導**
方法	個別（小グループ含む）	授業等（学級活動等）
位置付け	学校保健安全法	学習指導要領
目的	個々の児童生徒の心身の健康問題の解決に向けて，自分の健康問題に気付き，理解と関心を深め，自ら積極的に解決していこうとする自主的，実践的な態度の育成を図る。	特別活動の各学習指導要領のねらいに沿って実施。
内容	日常生活における個々の児童生徒の心身の健康問題	現在及び将来において生徒が当面する諸課題に対応する健康に関する内容
指導の機会	教育活動全体	学級活動（小・中学校），HR 活動（高等学校），児童生徒会活動，学校行事　等
進め方	発達段階及び個人差に応じて指導する。	学校の実態に応じて，発達段階に即して取り扱う内容，時間を選定し，計画的に実施する。
指導者	養護教諭，学級担任等，栄養教諭・学校栄養職員，学校医等	学級担任等，養護教諭，栄養教諭・学校栄養職員，学校医等

動において「心身ともに健康で安全な生活態度の形成」（小学校）や「心身ともに健康で安全な生活態度や習慣の形成」（中学校），「生命の尊重と心身ともに健康で安全な生活態度や規律ある習慣の確立」（高等学校）が定められ，この内容に従って実施することになっており，通常は授業時間内に集団で実施する。文部科学省「学校における子供の心のケア―サインを見逃さないために―」（以下，「子供の心のケア」）では，「心の健康」に関する集団指導の流れが掲載されている（図2-2）。このようなフローを通して，子どもがストレスやストレスに対する対処を学んでいくことになる。ただし，時間数は決められていないため，どのような内容をどのくらいの時間をかけて行うかは，各学校における児童生徒の実態に応じて，計画され実施される。

2. 学校安全

　2011 年の東日本大震災をはじめ，2018 年の北海道胆振東部地震，2019 年の九州北部豪雨，2020 年の令和 2 年 7 月豪雨など，毎年のよう

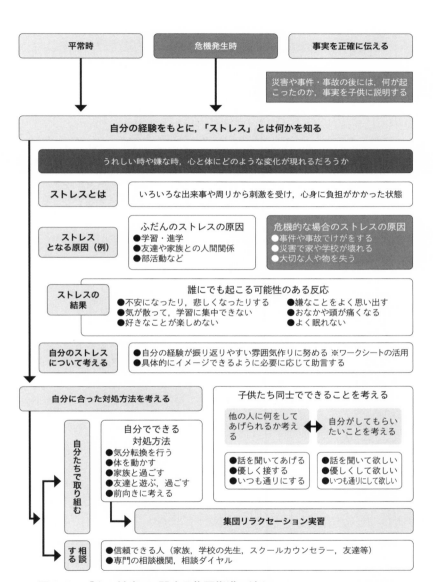

図 2-2　「心の健康」に関する集団指導の流れ（文部科学省, 2014 を一部改変）

に日本では自然災害が発生している。また，児童生徒が被害にあう事件事故も数多く報告されている。学校安全の向上については，2007年の新潟県中越沖地震からその機運が高まり，学校保健法が学校保健安全法に改正され，現在に至っている。

学校安全について，学校保健安全法第26条では，以下のように規定されている。

> 学校の設置者は，児童生徒等の安全の確保を図るため，その設置する学校において，事故，加害行為，災害等（以下この条及び第29条第3項において「事故等」という。）により児童生徒等に生ずる危険を防止し，及び事故等により児童生徒等に危険又は危害が現に生じた場合（同条第1項及び第2項において「危険等発生時」という。）において適切に対処することができるよう，当該学校の施設及び設備並びに管理運営体制の整備充実その他の必要な措置を講ずるよう努めるものとする。（学校保健安全法 第26条）

学校に対しては，学校安全のため，学校安全計画や危険等発生時対処要領の作成が義務づけられている。

> 児童生徒等の安全の確保を図るため，当該学校の施設及び設備の安全点検，児童生徒等に対する通学を含めた学校生活その他の日常生活における安全に関する指導，職員の研修その他学校における安全に関する事項について計画（学校保健安全法 第27条；学校安全計画）

> 児童生徒等の安全の確保を図るため，当該学校の実情に応じて，危険等発生時において当該学校の職員がとるべき措置の具体的内容及び手順を定めた対処要領（学校保健安全法 第29条；危険等発生時対処要領）

では，実際に危機等発生時に児童生徒に対して学校はどのような対応を行うのだろうか。「子供の心のケア」などから，対応の在り方についてみていこう。

(1) 危機状況におけるトラウマ反応

災害や事件・事故などの危機状況は子どもに強いストレスを与える。特に，本来持っている個人の力では対処できないような圧倒的な体験をすることによって被る，著しい心理的ストレスのことを**トラウマ**（心

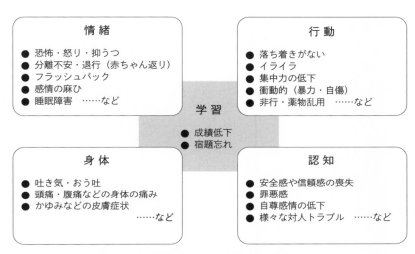

情　緒

● 恐怖・怒り・抑うつ
● 分離不安・退行（赤ちゃん返り）
● フラッシュバック
● 感情の麻ひ
● 睡眠障害　……など

行　動

● 落ち着きがない
● イライラ
● 集中力の低下
● 衝動的（暴力・自傷）
● 非行・薬物乱用　……など

学　習

● 成績低下
● 宿題忘れ

身　体

● 吐き気・おう吐
● 頭痛・腹痛などの身体の痛み
● かゆみなどの皮膚症状
　　　　　　……など

認　知

● 安全感や信頼感の喪失
● 罪悪感
● 自尊感情の低下
● 様々な対人トラブル　……など

図 2-3　　さまざまなトラウマ反応（文部科学省, 2014）

的外傷）と呼び，トラウマによって生じる反応を**トラウマ反応**と呼ぶ。トラウマには，自然災害や事件・事故の被害，被虐待などがあり，自らが被害を受けていなくても，誰かが被害を受けている場面を目撃することもトラウマになる。また，トラウマ反応は情緒面，行動面，身体面，認知面などさまざまな領域・側面において生じ，それによって学習面にも影響が生じる（図2-3）。

　通常のストレス反応はストレスの原因（ストレッサー）がなくなると消失するが，トラウマ反応はストレッサーがなくなっても消失せずに，以前の状態に戻ることが難しいのが特徴である。また，トラウマ体験の重篤さとトラウマ反応は比例し，人為的な要素が加わるほど，トラウマ反応も大きくなる。さらに，トラウマ体験時の年齢やトラウマ体験の回数，子どものパーソナリティによってもストレス反応が強くなることも指摘されている。

　このようなストレス反応によって，臨床的に著しい苦痛や，社会や職業など重要な領域における機能の障害が生じる場合，**心的外傷後ストレス障害**（Posttraumatic Stress Disorder：PTSD）となる。PTSDは，実際に危うく死にそうなできごとを体験したり目撃したりしたあとで，①再

体験症状（フラッシュバック），②回避，③認知と気分の陰性変化，④過覚醒などの症状がみられる精神疾患である。トラウマ体験後3日から1か月持続する（1か月以内に収束する）場合は**急性ストレス障害**（Acute Stress Disorder：ASD）と呼ばれ，1か月以上持続する場合はPTSDになる。トラウマ体験をした子ども全員がASDやPTSDになるわけではなく，ASDやPTSDにならなかった子どもに対しては学校や家庭を中心とした心の支援（ケア）が求められる。一方，ASDやPTSDが疑われる子どもについては，早急に児童精神科など医療機関に受診し，**トラウマ焦点型認知行動療法**（Trauma-Focused Cognitive Behavioral Therapy：TF-CBT）^{メモ}のような治療（キュア）を行っていくことが求められる。

> ✎メモ
>
> **認知行動療法**
>
> 行動的技法と認知的技法を組み合わせて，症状や問題の改善を目指す心理療法の技法の総称である。PTSDや統合失調症，強迫症などの精神疾患に特化した認知行動療法も開発されている。その多くが，治療効果に関する検証を積極的に行い，その効果についてエビデンスを示している。

(2) 危機状況に対する学校の体制

1) 危険等発生時対処要領（危機管理マニュアル）と保護者・地域連携

　先に示したように，学校保健安全法第29条では，学校に対して「危険等発生時対処要領」の作成を義務づけている。

　危険等発生時対処要領は学校現場では危機管理マニュアルとも呼ばれ，文部科学省「学校の危機管理マニュアル作成の手引」にて，詳細に説明されている。これによると，危機管理マニュアルは，「学校管理下で事故等が発生した際，教職員が的確に判断し円滑に対応できるよう，教職員の役割等を明確にし，児童生徒等の安全を確保する体制を確立するために必要な事項を全教職員が共通に理解するために作成する」ものであるとされている。危機管理マニュアルは，各学校の実情に応じて想定される危機を明確にし，危機等発生時にどう対処し，いかに児童生徒等の生命や身体を守るかについて検討するよう求められている。また，危機管理マニュアルは〈事前〉〈発生時〉〈事後〉の3段階の危機管理を想定して作成し，安全管理と安全教育の両面から取り組みを行うことも求めている（図2-4）。〈事前〉の危機管理としては点検，避難訓練，教職員研修，安全教育がある。〈発生時〉の個別の危機管理としては，「学校の危機管理マニュアル作成の手引」に事故や不審

図 2-4　事前・発生時・事後の 3 段階

者侵入，気象災害，地震・津波などについての対応が紹介されている。
〈事後〉の危機管理には事後の対応，心のケア，調査・検証・報告・再
発防止等があげられている。

　また，危機管理は学校だけでなく，学校保健安全法第30条や「学校
の危機管理マニュアルの手引」では，家庭や地域，関係機関などとの
連携が求められている（図2-5）。

> 学校においては，児童生徒等の安全の確保を図るため，児童生徒等の保護
> 者との連携を図るとともに，当該学校が所在する地域の実情に応じて，当
> 該地域を管轄する警察署その他の関係機関，地域の安全を確保するための
> 活動を行う団体その他の関係団体，当該地域の住民その他の関係者との連
> 携を図るよう努めるものとする。（学校保健安全法　第30条）

> 家庭・地域・関係機関と連携して児童生徒等の安全を確保する体制を整備
> するとともに，協働して危機管理マニュアルの作成や避難訓練等を行う。
> （学校の危機管理マニュアルの作成の手引）

2）学校における心のケア体制の整備と教職員の役割

　子どもの心の健康を維持・ケアするためには，平時から学校におけ
る心のケア体制の整備が必要である。図2-6は心の健康問題に対応す
る教職員の役割を示したものである。校長や教頭・副校長などの管理
職は，子どもの心の健康問題の対応においてリーダーシップを発揮す
ることが求められる。報告を受けるだけでなく，早期発見・早期対応
できるように会議などの開催や出席，養護教諭など担当教職員への指

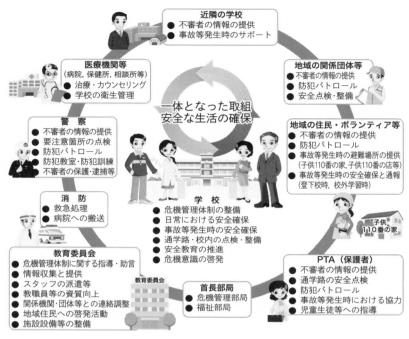

図 2-5　連携を図った学校安全対策例（文部科学省 , 2018）

示や助言を行う。また教職員の心の健康にも配慮することが求められる。

　養護教諭は学校における子どもの心身の健康問題の対応において，中心的な役割を担うことになる。養護教諭の主な職務は先に述べたとおりであるが，心の健康問題への対応においては，学級担任等と連携して組織的な健康観察，健康相談，保健指導を行ったり，学校医やスクールカウンセラー，その他外部の相談機関との連携窓口となったりすることが期待される。さらに，子どもやその保護者が相談しやすい保健室の環境づくりや信頼関係の構築も求められる。

　学級担任は，普段から子どもの健康観察を行い，心身の健康問題について早期発見できる立場にある。そのためにも，子どもの心身の健康問題の発生を察知できるよう，メンタルヘルスに関する知識の習得

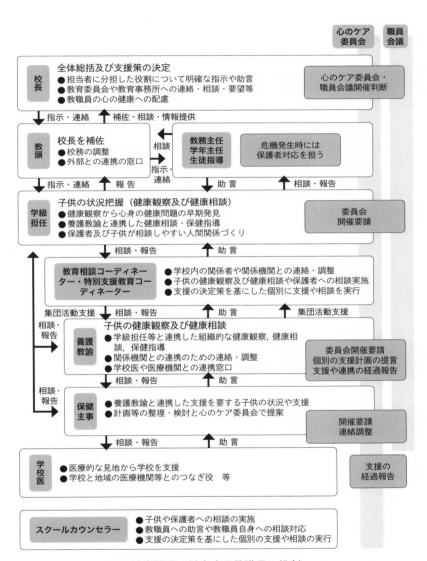

図 2-6　心の健康問題に対応する教職員の役割(文部科学省, 2014)

やきめ細やかな観察の実施が求められる。また，子どもやその保護者が相談しやすいように普段から信頼関係の構築に努めるとともに，養護教諭や他の教員と情報共有・連携をして，組織的な健康相談・保健指導を行うことが期待されている。

　このほか，学校における心の健康問題への対応には，教務主任や学年主任，生徒指導担当，教育相談コーディネーター，特別支援教育コーディネーター，保健主事などの教職員や，学校医，スクールカウンセラーなどが，それぞれの専門性に基づいて，情報共有・連携しながら，取り組んでいくことになる。

　心の健康問題について共通理解を図り，また情報共有・連携を行うためには，職員会議や校務分掌に位置づけられた委員会などを設置・開催し，役割分担を明確にして組織的に支援・対応していくことが求められる。特に危機状況発生後には，迅速で柔軟な対応をする必要がある。そのため，教職員に加え，学校医やスクールカウンセラーを含めた「心のケア委員会」のような支援チームを新たに立ち上げることが有効であるとされている。

（3）危機状況発生後の学校における支援
1）危機状況発生後における子どもへの一般的な対応^{メモ}

　災害や事件・事故のような危機状況が発生しても，学校は比較的早い段階で再開されることが多い。2011 年の東日本大震災（3月11日発生）の際でも，石巻市立石巻中学校は石巻小学校の講堂を利用し

> **✎メモ**
> **被災者のこころのケア**
> 子どもに限らず被災者全体のこころのケアについては，内閣府（2012）『被災者のこころのケア　都道府県対応ガイドライン』に詳しく記載されている。

て，3月29日に卒業式，4月22日に入学式を行い，5月9日には授業を再開している。このような早期の再開は，子どもに学校という居場所を提供し，友だちとの交流や勉強・運動などを行うことにより，ストレスの低減に一定の効果がある。一方で，トラウマ体験を処理することができず，気持ちが落ち込んだり，不安を抱えたままでいたりする子どもも少なくない。

　このような危機状況発生後には，いつも以上に丁寧な健康観察を行

うことが求められる。特に，子ども自身が被害にあったり，家族を亡くしたりした子ども，自宅の倒壊や親の失業など生活基盤が失われた子ども，長期間の避難所生活など不安定な生活を余儀なくされた子どもなどに対しては，学級担任などから積極的に声をかけ，健康相談を実施し，状態を詳しく確認する必要がある。

　子どもは，トラウマ体験に対する自らの反応を理解できずに戸惑うこともある。なかなか落ち込みから立ち直れなかったり，突然涙が出たりすることが異常なように感じる子どももいる。家族や友だちを失った場合には，「どうして自分だけが助かったのか」「代わりに自分が死ねばよかったのに」など自らを責める気持ち（**サバイバーズ・ギルド**）が生じることもある。そのような子どもに対しては，そのような気持ちを共感的に受け止めることが求められる。また，普段とは違う反応が生じるのはこのような状況下では当たり前のことであること，またそのような反応の現れ方は一人ひとり違うこと，多くは時間が経つと徐々に消えていくことなどを伝えてあげることが必要である。また，安心できる場所や身体を動かせる場所を用意することも有効である。自然災害に遭った子どものなかには，災害を再現するような遊び（**災害遊び**）をする子どももいる。災害遊びは子どもが被災体験を客観視して，理解しようとする試みであるとされているため，無理にやめさせずに，見守るようにする。そのうえで，健康観察を継続し，不調の期間が長く続くようであれば，精神科などの医療機関への受診を進めることが求められる。

2）特に「心のケア」が必要となる子どもへの対応

　知的障害や発達障害がある子どもは，災害などの危機状況に置かれた際，自分が置かれている状況や避難の必要性について十分理解できない場合がある。また避難所など普段とは大きく異なる環境のなかでは混乱を示しパニックを起こしたり，他の避難者との間でトラブルが生じることもある。発達障害がある子どものなかには，冷気や音，匂いなどに対する感覚過敏を有する者もおり，不眠などの二次的な問題が生じることもある。

また，視覚や聴覚の障害を有している子どもは外界からの情報の一部が制限されることにより，十分な情報が得られないことが多い。また，肢体不自由も含め，避難所などは障害がある者のことを前提にはつくられておらず，避難者も障害がある者の手助けをするほどの余裕がない場合が多い。そのため，障害がある子どもは，健常な子どもよりも危機状況において多様なストレスを抱えている可能性もある。

　そのほか，精神疾患を含め疾患を有する子どもや，外国籍で日本語を十分に理解したり話したりすることができない子どもも，特に「心のケア」が必要となる子どもであるといえる。このような子どもたちが登校した際には，丁寧な健康観察はもちろん，基本的な生活の安定を最優先として，学校内で安心できる場所を確保したり，いつでも相談できるスタッフの配置が求められる。また，教職員間や保護者・医療機関・相談機関などと情報共有・連携をし，きめ細やかなケアを継続してくことが必要である。

3）教職員の心のケア

　子どもが事件・事故に巻き込まれ，トラウマ体験をした際，その話を聞くことは教職員にとってもストレス^{メモ}になる。また，地震などの自然災害の場合，子どもだけでなく教職員も被災者となっていることも少なくない。また教職員は，子どもを教育する立場から不適応感や心身の不調を訴えることを回避したり，教職員としての使命感として子どものために活動しなければと思い，休憩・休息をとることに罪悪感を抱いたりすることもある。このような状況下で，教職員は学校の再開や子どもの心身のケアに尽力するあまり，自分の心のケアがおろそかになることもある。このように教職員などの支援者が支援のなかでストレス反応を示したり，PTSDを発症したりすることを**二次受傷**（二次被害，二次的PTSD）と呼ぶ。

　このような二次受傷を避けるためにも，教職員は自身の心の健康に

> ✎メモ
>
> **惨事ストレス**
>
> 医療従事者や消防署員，自衛隊員など，被災者や事故の被害者などを救助・支援する者が現場の惨状を目撃したり，そのような状況で救助活動を行ったりすることで生じるストレス反応のことである。惨事ストレスが救助者などが直接惨状を体験することで生じるものであるのに対して，二次受傷は被害者の聴取などによって間接的にその状況に曝されるものである。

目を向けることが必要である。しっかり眠れているか，食事を摂れているか，イライラしたり落ち込んだりしないかなど，自分の心身の状態を理解し，少しでも不調を感じれば，休息をとったり，相談したりすることが必要である。

　また，校長などの管理職は，このような教職員の状態を把握し，必要に応じて休憩時間を設定したり，役割分担をして一人ひとりの業務が過剰にならないように配慮することが求められる。

危機事態における対応

公認心理師である木村さんがスクールカウンセラーとして勤める公立Ａ小学校では，ある日，登校中の児童たちの列に自動車が突っ込んでくる事故が起こった。死には至らなかったものの，骨折等の重症を負った児童や，すり傷などの軽症を負った児童がそれぞれ数名ずついた。また多くの児童やその保護者がその現場を目撃することとなった。事故当日は児童たちを一度登校させたのち，臨時休校とし，できる限り保護者に直接引き渡す形で帰宅させた。保護者などと連絡がとれなかったり，早い時間に保護者が迎えに来られなかったりした児童が数名おり，その児童は体育館に集められ，養護教諭を含む教職員数名が，保護者が来校するまで見守っていた。

午後には児童全員を帰宅させることができたため，緊急職員会議が招集され，木村さんも出席するよう求められた。その会議で，校長を本部長とする「危機対策本部」を設置することが決定された。メンバーは，教頭，各学年主任，養護教諭，スクールカウンセラーの木村さんで構成されることになった。

STEP1：学校危機とその予防について理解を深める

これまでに述べてきたように，学校ではさまざまな危機事態が生じていたり，生じる可能性があり，スクールカウンセラーを含めた教職員はこれらの危機事態に対応しなければならない。

危機とは「人が通常もっている，事態にうち克つ作用がうまく働かなくなって，心理的な平衡状態（ホメオスタシス）が急激に失われ，苦痛と機能不全が明らかに認められる状態」（小林，2012）のことである。ここでは学校における危機事態について説明するため，「人」には児童生徒や教職員，あるいは学級や学年，学校という集団が該当することになる。また，危機事態にもさまざまな種類がある。上野（2003）は学校における

表 2-3　　学校危機の内容（上野, 2003）

個人レベルの危機	不登校，家出，虐待，性的被害，家庭崩壊，自殺企図，病気など
学校レベルの危機	いじめ，家庭崩壊，校内暴力，校内事故，薬物乱用，食中毒，教師のバーンアウトなど
地域社会レベルの危機	殺傷事件，自然災害（大震災），火災（放火），公害，誘拐・脅迫事件，窃盗・暴力事件，IT 被害，教師の不祥事など

危機事態を個人レベル，学校レベル，地域レベルという 3 つに分けている（表 2-3）。これらのなかには，事前の予防や予測が可能なものや困難なもの，比較的短期間で収束するものや長期間にわたる対応が必要なもの，特定の児童生徒や教職員に生じるものと学校や地域全体に対して生じるものなどが混在しており，それぞれの学校危機の内容によって，予防や対応の方法は異なってくる。学校としては，どのような学校危機であろうと，生じないよう予防を行うとともに，生じた際の対応に向けた準備をしておくことが求められる。

　予防については，Caplan, G.（1964）の 3 段階の予防レベルが有名である。Caplan はもともと公衆衛生分野において行われていた予防の概念を精神医療に取り入れ，一次予防，二次予防，三次予防に分類している。一次予防は「発生予防」のことであり，精神疾患が生じないよう環境を改善したり，啓発活動などを行ったりすることである。二次予防は「重篤化予防」であり，問題が深刻化する前に介入・支援を行い，問題を最小限にするとともに，周囲に問題を蔓延させないことを目指すものである。三次予防は「再発予防」であり，精神疾患を発症した者が地域社会で生活できるように支援をしたり，そのような者が生活しやすいよう地域・コミュニティの改善など環境整備を行ったりすることである。これを学校場面に置き換えると，一次予防では不登校やいじめなどが生じないように，児童生徒間や児童生徒－教師間の信頼関係を構築したり，災害が起こったときのために防災訓練を行ったりすることなどが考えられる。二次予防では不登校やいじめの兆候を早期に発見し，早期に対応することや，災害や事故などの被害にあった児童生徒に対して適切な医療的・心理的な支援を提供することが含まれる。三次予防では不登校であった児童生徒が登校した際に学校で居場所を見つけられるような環境づく

りや，災害や事故などの被害にあった児童生徒が登校の際に不安を感じないようするための対応などがあてはまる。

　危機事態が生じないに越したことはないが，どれだけ予防をしても，危機事態は生じてしまうことがある。そのため，どのような危機事態が生じても対応できるよう，事前にマニュアルなどを用意しておき，普段から危機事態を想定した打ち合わせや避難訓練などを重ねておくことが必要となってくる。

STEP2：危機事態におけるスクールカウンセラーの役割を考える

　危機事態は多くの人に身体的なダメージだけではなく，心理的ダメージを与えることが少なくない。被害にあった当事者はもちろんであるが，その場面を目撃した者や当事者の関係者などは，身体的ダメージはなくとも，心理的ダメージを追うことがあり，不安や不眠，動揺，怒り，悲しみ，落ち込みなどの否定的な感情をいだき，なかには急性ストレス障害（ASD）や心的外傷後ストレス障害（PTSD）になる者もいる。このような状況下で，心理支援の専門家であるスクールカウンセラーに寄せられる役割や期待は大きなものがある。

　学校危機の場合，心理支援が必要な者や連携が必要となる者は，①児童生徒，②教職員，③保護者・家庭，④地域・コミュニティの４層に分けられる。このうち，④地域・コミュニティについては，警察との連携や地域ボランティアへの登下校の見守り・安全確認などの依頼などがあげられ，校長などを中心とした学校が行うべきことである。ここでは，①児童生徒，②教職員，③保護者・家庭それぞれに対する支援について，事例をもとに詳しく確認していく。

①児童生徒への支援

　児童については，交通事故にあった被害児童と事故を目撃した児童，それ以外の児童とで対応が異なってくる。交通事故にあった児童については，身体的な回復が優先され，その間は無理に登校を促す必要はない。ただし，登校していなくても担任や養護教諭，スクールカウンセラーなどが家庭訪問や電話連絡をして，心身の状況を把握することは重要とな

る。特に，事故にあったことによる精神的なショックが大きい児童や，登下校などに不安を抱える児童についてはスクールカウンセラーが個別に面談をして心理状態を把握するとともに，必要に応じて児童精神科などの医療機関につなげることを検討することが求められる。登下校での不安については，見守り・安全確認を行うボランティアがいることで低減することも考えられるため，学校を通して依頼していくことも必要である。

　事故を目撃した児童については，身体的なダメージがないため，翌日から登校することになる。事故を目撃したことによる精神的なショックの程度は児童によって個人差があることから，目撃した児童全員に対して一律に対応をすることは適切ではない。担任教師による観察を丁寧に行ってもらい，何らかの変調がみられる児童がいた場合には，スクールカウンセラーや養護教諭が対応できるような連絡体制を整えておくことが必要である。事故に直接関わらなかった児童も含めて，現在の様子についてアンケートをとることも，支援が必要な児童の早期発見につながるため有用である。

　先にも述べたように，危機状況下ではさまざまなトラウマ反応が生じることがある。特に子どもの場合，自分の心の変調を言葉で表現することができず，身体的な問題として示す場合があるため，子どもの様子を把握する際は，心理面だけでなく，身体面にも目を向けることが求められる。また，子どもは事故の被害・目撃によって生じた心の変調をうまく理解したり，対処したりすることが難しい。そのため，このような状況下では，眠れない，急に涙が出るなどのような，いつもとは違う反応が生じるのはおかしいことではないことを伝えてあげることは，子どもの心の安定にとって重要なことである。

　事故に直接関わらなかった児童からすると，事故はどのようなものだったのかについて興味をいだき，目撃した児童に詳しく聞こうとすることがある。また，心の変調を示す児童のことを面白がったり，からかったりすることもあるかもしれない。このようなことは，被害に遭った児童や目撃した児童を二次被害にあわせる恐れがあるため，回避すべきことである。事故の様子については，担任から事実に基づいて正しい情報を

伝えることが重要であり，また先に述べたような心の変調が生じること
を事故に関わらなかった児童にも伝えることで，心の変調を示す児童に
対する対応を子ども自身が考えることができるようになる。

②教職員への支援

　学校において危機事態が生じると，教職員は通常業務に加えて，危機
事態への対応が求められる。今回の事例では，自然災害とは異なり，翌
日には児童が登校して，一部の変更はあり得るものの，基本的には通常
の授業をこなしていくことになる。

　そのようななかで教職員に求められるのは，登校している児童の心の
変調を把握し，適切な支援につなげることである。スクールカウンセラー
や養護教諭がすべての学級を回って，児童一人ひとりの様子を把握する
ことは困難であるため，児童の心の変調の把握は教職員の重要な役割と
なる。もちろん，教職員は危機事態ではない状態であっても，日々，児
童の様子を観察しているが，危機事態ではいっそうの注意が必要となっ
てくる。また，今回の事例では，一部の児童だけが被害にあったり事故
を目撃していたりするため，事故による精神的なダメージの程度は，同
じ学級の児童でもさまざまである。そのような状況下において児童の様
子を把握する際には，どのような点に注目するのか，またどのような状
態がみられればスクールカウンセラーや養護教諭に伝えるべきなのか，
ある程度共通の理解をしておく必要がある。また児童への支援で行った
アンケートをもとに，今後丁寧な観察が求められる児童や早期に支援な
どが必要な児童を見いだし，教職員に伝えることも，スクールカウンセ
ラーが行うことができる支援となる。

　また，通常の業務だけでも多忙であるにもかかわらず，危機事態の対
応を行うことにより，教職員の身体的・心理的負担が増えることが想定
される。危機対策本部において，各学年主任に教職員の身体的・心理的
な状態に注視し，必要に応じてスクールカウンセラーへの相談や休憩・
休暇を促すことが必要であると伝えることが求められる。

　教職員は児童を支援する立場であるという自覚があるため，自ら支援
を求めたりすることに抵抗をもつ者は少なくない。また，職務上，休憩

や休暇をとりにくく，他者に相談することが難しい。そのため，教職員のなかには，自身の身体的・心理的健康を気にかけず，時間も労力もかけて児童への教育や支援に注力する者もいる。しかし，それが過剰に続くようであれば，うつ病のような精神疾患や**バーンアウト**などが生じるリスクも高くなる。スクールカウンセラーには児童の心理的な支援だけでなく，教職員の心理状態にも注意し，必要に応じて支援をすることが求められる。このような危機状態下であるからこそ，学年主任などの管理職に対し，教職員の心身の健康に配慮するよう求めることが必要となるのである。

③保護者・家庭への支援

　学校で危機事態が発生したときは，緊急保護者会などが開催され，事態の状況や今後の対応についての説明がなされるが，これは校長など学校，あるいは教育委員会が行うことであり，スクールカウンセラーが行うべきことではない。ただし，今後起こり得る子どもの心身の変化やその対応については，スクールカウンセラーが説明したほうが効果的である場合がある。

　保護者は子どもと日ごろから接しており，子どもの変化には敏感である場合が多い。また，学校では気を張ってなんともないふりをしていても，家庭では落ち着かなかったり，涙ぐんだりと動揺をみせる子どももいる。そのようないつもとは違う子どもの様子に，保護者も動揺したりすることは少なくない。そのため，子ども同様，保護者に対しても，このような危機状況下ではいつもとは違う反応がみられることはおかしいことではないと伝えることが重要である。また，そのような反応がみられた場合に，子どもにどのように声をかけたり関わったりすればよいのかを伝えることも必要である。さらに，必要に応じて相談できるよう，学校での相談体制を整えるとともに，学外の連携機関・専門機関（医療機関，教育支援センター，児童相談所など）を紹介することも求められる。このような情報については，教職員から伝えることもできるが，心理支援の専門家であるスクールカウンセラーから伝えることで保護者の理解や信頼が得られることも多い。

事 例

　公立Ａ高校でスクールカウンセラーとして勤務する公認心理師の山岡さんのところに，高校１年生のトモヒロが予約なく来室してきた。トモヒロは第１志望にしていた私立Ｂ高校に落ち，Ａ高校に入学してきた。トモヒロは，クラスメイトは自分よりもバカなので一緒にいるのが嫌になること，授業はつまらなく，毎日に張りがないことなどを伝え，Ｂ高校に落ちた時点で自分の人生は終わっているし，親も自分に期待しなくなったし，こんな退屈な毎日を過ごしているくらいなら死んだほうがマシだと考えるようになったと伝えた。最近では，インターネットで自殺の仕方を調べたり，高校生の自殺に関するニュース記事を読んだりしている。「ま，どうせ死なないけどね」と言ってはいるものの，表情に覇気はなく，冗談っぽくも聞こえなかった。

　心配した山岡さんが，退室しようとするトモヒロに「また来週，話をしに来てよ」と言うと，トモヒロは「生きていたら来ますね」と言って退室していった。

🧠 考えてみよう！

　トモヒロが自殺する可能性はどの程度あるでしょう。自殺の要因や自殺のリスクアセスメントについて調べて，トモヒロの自殺リスクの程度について考えてみましょう。

💬 話し合ってみよう！

　自殺はよくないことなのでしょうか。自殺は防がなければならないものなのでしょうか。「なぜ自殺をしてはならないのか？」をテーマに，自殺について話し合ってみましょう。

🏃 ロールプレイをしてみよう！

　翌週，トモヒロは山岡さんのところにやってきました。山岡さんが「何か変わったことはある？」と尋ねると，トモヒロは「一応，約束したから死なないで来てあげた」と言いました。このあと，山岡さんはトモヒロとどのような話をしますか。①山岡さん，②トモヒロになって，ロールプレイをしてみましょう。

心の病気と学校

　主に中学生や高校生にあたる思春期や青年期は，心の病気（精神疾患）の好発期でもある。強迫症，社交不安症，摂食障害，うつ病，統合失調症，睡眠障害，適応障害，パニック症，ゲーム依存・ネット依存など多くの心の病気が思春期や青年期に発症しやすいとされている。また，性別違和（いわゆる性同一性障害）を示す子どももいる。これらの精神疾患は適切な治療や支援が行われなければ，重篤化・遷延化する可能性があり，また二次障害として身体的不調や学校不適応・不登校，問題行動を示すこともある。

　また，これらの精神疾患は自殺のリスク要因にもなっている。厚生労働省『令和元年版　自殺対策白書』における学校段階別の自殺の原因・動機の計上比率をみると，高校生男子の 8.7% が「うつ病」を原因・動機とし，高校生女子では 18.3% が「うつ病」を，12.1% が「その他の精神疾患」を原因・動機としている。大学生でも男子の 14.6%，女子の 28.6% が「うつ病」を，男子の 6.8%，女子の 11.6% が「その他の精神疾患」を原因・動機としている。もちろん，自殺による「死」に至らなくても，希死念慮を抱いたり，リストカットのような自傷行為に及んだりする子ども・若者は少なくなく，特に精神疾患を有していれば，その割合はいっそう高くなる。

　そのため，学校においても精神疾患について正しく理解し，適切な治療・支援につなげていくことが求められる。しかし，養護教諭を含め，学校の教職員は精神疾患に詳しいわけではない。そのため，スクールカウンセラーには精神疾患に関する専門的な知識が求められる。

　スクールカウンセラーが精神疾患を有している（有している疑いのある）子どもに対してできることは，診断でも心理検査でもない。診断は医師にしか行うことができず，精神疾患であるかどうかを判断するための専門的な検査を行うには，学校という場は適しておらず，時間的にも困難な場合が多い。スクールカウンセラーが行うべきことは，子ども本人やその保護者，教職員に対して，精神疾患の正しい知識・情報を伝えることであろう。正しい知識・情報を伝えることは，子ども本人や保護者の不安を低減させ，教職員が子どもの状態を理解するうえで有用である。また，子ども本人や保護者に対して精神科の受診を勧めることも重要な役割である。日本では，精神科の受診は内科や外科，耳鼻科など他の専門科の受診に比べて，抵抗感を抱かれることが多い。しかし，早期に精神科を受診し，薬物療法を含めた適切な治療を受けることは，回復を早めることにつながることが多い。さらに，教職員に対しては，精神疾患を有する子どもに対して行うべき配慮や支援について助言をすることも必要となる。また子どもが精神科を受診した場合には，精神科医と情報共有・連携をしたり，精神科での検査結果や診断，治療方針について教職員に説明したりすることも求められる。

　これ以外にも，スクールカウンセラーはメンタルヘルスや精神疾患に関する子どもへの講話や教職員への研修などを行うこともある。これらを通して，精神疾患や自殺のリスクを減らしていくことも重要な役割のひとつなのである。

第3章

子どものいじめを予防する

いじめ防止対策推進法

　いじめは学校における教育問題のひとつであり，これまでもいじめの予防と対策については検討されてきた。2013 年にはいじめ防止対策推進法が施行され，この法律に基づいていじめの予防と対策が強化されてきた。しかし，学校でいじめがなくなることはなく，毎年のようにいじめによる子どもの死亡やいじめを苦にした子どもの自殺は起こっている。本章では，まずいじめ防止対策推進法の概要について説明する。次いで，いじめの重大事態について，その調査の流れを中心に説明する。また，文部科学省「児童生徒の問題行動・不登校等生徒指導上の諸課題に関する調査結果について」(2020) をもとに，いじめの現状についても把握していきたい。

1.　いじめ防止対策推進法

(1) いじめの定義

　いじめ防止対策推進法は，2011 年に起こった大津中 2 いじめ自殺事件でみられた学校や教育委員会による隠ぺいや責任逃れによる世論の高まりを受け，議員立法によって成立・施行された法律である。

　いじめ防止対策推進法第 1 条には，いじめの影響について明示されている。

> いじめを受けた児童等の教育を受ける権利を著しく侵害し，その心身の健全な成長及び人格の形成に重大な影響を与えるのみならず，その生命又は身体に重大な危険を生じさせるおそれがあるものである（いじめ防止対策推進法第1条）

第2条では，いじめを，以下のように定義している。

> 児童等に対して，当該児童等が在籍する学校に在籍している等当該児童等と一定の人的関係にある他の児童等が行う心理的又は物理的な影響を与える行為（インターネットを通じて行われるものを含む。）であって，当該行為の対象となった児童等が心身の苦痛を感じているもの（いじめ防止対策推進法第2条）

　いじめ防止対策推進法においていじめがこのように定義されるまでは，文部科学省が毎年行っている「児童生徒の問題行動・不登校等生徒指導上の諸課題に関する調査」（平成27年度までは「児童生徒の問題行動等生徒指導上の諸問題に関する調査」）における定義が用いられていた。最初の定義は，「①自分より弱い者に対して一方的に，②身体的・心理的な攻撃を継続的に加え，③相手が深刻な苦痛を感じているものであって，学校としてその事実（関係児童生徒，いじめの内容等）を確認しているもの。なお，起こった場所は学校の内外を問わないもの」であり，1986（昭和61）年度からの調査で用いられていた。
　しかし，「学校としてその事実（関係児童生徒，いじめの内容等）を確認しているもの」という記述が，学校が確認していなければ「いじめではない」と読み取れることや，「その事実（関係児童生徒，いじめの内容等）」では被害児童生徒の思いをくみ取れないなどの批判を受けることになった。そのため，1994（平成6）年度からは，「①自分より弱い者に対して一方的に，②身体的・心理的な攻撃を継続的に加え，③相手が深刻な苦痛を感じているもの。なお，起こった場所は学校の内外を問わない。」とし，「なお，個々の行為がいじめに当たるか否かの判断を表面的・形式的に行うことなく，いじめられた児童生徒の立場に立って行うこと。」という補足文がつけられるようになった。その後，「一方的」「継続的」「深刻な」という表現について，どの程度であれば「一方的」「継続的」

「深刻な」と判断するかで，いじめに該当するかどうかの判断が分かれることになるなどの問題が生じてきたため，2006 (平成18) 年度からは，「当該児童生徒が，一定の人間関係のある者から，心理的，物理的な攻撃を受けたことにより，精神的な苦痛を感じているもの。」という定義となり，いじめ防止対策推進法でも，この定義を踏襲する定義が用いられている。

「一定の人間関係」とは，「いじめの防止等のための基本的な方針」によると，学校の内外を問わず，同じ学校・学級や部活動，塾やスポーツクラブなど被害児童生徒が関わっている仲間や集団 (グループ) など，被害児童生徒との間で生じている関係のことであるとされている。

いじめ防止対策推進法の定義では，被害児童生徒が心身の苦痛を感じているものであれば，加害児童生徒にいじめの意図がなかったとしても，いじめと認定される可能性がある。また，「継続的」のような継続性や頻度に関する記述もないため，一度の行為であっても，いじめとされることもある。一方，いじめはあくまで児童生徒間で生じるものとされており，教師からのいじめや教師間でのいじめは，いじめ防止対策推進法の範囲外となっている。

(2) いじめにおける保護者・学校・地方公共団体・国などの責務

1) 保護者の責務

いじめは児童生徒間で起こる問題であるが，子ども (児童生徒等) であるからといって許されるものではない。いじめ防止対策推進法第4条では，いじめを明確に禁止している。

> 児童等は，いじめを行ってはならない。(いじめ防止対策推進法 第4条)

また，保護者に対しては第9条でいじめを防止するための責務や，自らの子どもが被害者となったときには保護することを規定している。

> 保護者は，子の教育について第一義的責任を有するものであって，その保護する児童等がいじめを行うことのないよう，当該児童等に対し，規範意識を養うための指導その他の必要な指導を行うよう努めるものとする。(いじめ防止対策推進法 第9条第1項)

> 保護者は，その保護する児童等がいじめを受けた場合には，適切に当該児童等をいじめから保護するものとする。(いじめ防止対策推進法 第9条第2項)

　さらに，インターネットを通じていじめが行われた場合には，いじめを受けた児童生徒やその保護者は，そのいじめ行為に対する情報の削除を求め，また発信者情報の開示を請求しようとする際には，法務局や地方法務局の協力を求めることができるとしている (第19条第3項)。

2）教員・学校・学校の設置者の責務

　いじめの多くが学校という場で行われたり，学校内の児童生徒間で行われたりすることを鑑みると，いじめの防止や早期発見における教員・学校の役割は極めて重要である。いじめ防止対策推進法第8条では学校および学校の教職員の責務として，下記を規定している。

①保護者，地域住民，児童相談所などの関係機関との連携を図ること
②学校全体でいじめの防止及び早期発見に取り組むこと
③児童生徒がいじめを受けていると思われるときは，適切かつ迅速に対処すること

　学校は，文部科学大臣が定める「**いじめ防止基本方針**」，地方公共団体が定める「地方いじめ防止基本方針」を参酌し，その学校におけるいじめの防止等のための対策に関する基本的な方針である「学校いじめ防止基本方針」を定めなければならない (第13条)。また，その学校におけるいじめの防止等に関する措置を実行的に行うために，その学校の複数の教職員，心理や福祉などに関する専門的な知識をもつ者などで構成される「**いじめの防止等の対策のための組織**」も置かなければならない (第22条)。

　実際のいじめを防止するための方策として，第15条では，道徳教育や体験活動等の重要性を指摘し，またインターネットを通して行われる行為に対しては，第19条において，必要な啓発活動を行うよう求めている。

学校の設置者及びその設置する学校は，児童等の豊かな情操と道徳心を培い，心の通う対人交流の能力の素地を養うことがいじめの防止に資することを踏まえ，全ての教育活動を通じた道徳教育及び体験活動等の充実を図らなければならない。(いじめ防止対策推進法　第15条)

学校の設置者及びその設置する学校は，当該学校に在籍する児童等及びその保護者が，発信された情報の高度の流通性，発信者の匿名性その他のインターネットを通じて送信される情報の特性を踏まえて，インターネットを通じて行われるいじめを防止し，及び効果的に対処することができるよう，これらの者に対し，必要な啓発活動を行うものとする。(いじめ防止対策推進法　第19条)

　いじめの早期発見に向けて，第16条では学校の設置者および学校に対して，定期的な調査など必要な措置を講じることを求めている。また，第16条第3項では児童生徒やその保護者，教職員がいじめに関する相談を行うことができる体制を整備することも規定されている。
　実際にいじめが起こった場合の措置については，第23条に規定されている。

学校の教職員，地方公共団体の職員その他の児童等からの相談に応じる者及び児童等の保護者は，児童等からいじめに係る相談を受けた場合において，いじめの事実があると思われるときは，いじめを受けたと思われる児童等が在籍する学校への通報その他の適切な措置をとるものとする。(いじめ防止対策推進法　第23条)

　ここで重要なのは「いじめの事実があると思われるとき」「いじめを受けたと思われる児童等が」という表現である。第8条においても同様の表記がみられる。

当該学校に在籍する児童等がいじめを受けていると思われるときは，適切かつ迅速にこれに対処する責務を有する。　(いじめ防止対策推進法　第8条：傍点は筆者による)

　これらの表現は，いじめの証拠を見つけ，事実認定するのは後回しであり，その児童生徒がいじめを受けていると思われた時点から適切かつ迅速に対処しなければならないことを示している。「いじめといえ

るかどうかわからない」として，対処を後回しにしたことで，重大な結果が生じてしまった例は数多くある。いじめ防止対策推進法では，「いじめかもしれない」と思った時点で，対処をすることを求めており，それは結果として「いじめではなかった」としても，行為のエスカレートを抑制する効果があるのである。

　もちろん，いじめの事実の有無を確認する必要がないというわけではない。第23条第2項では，迅速に事実確認をし，学校設置者に報告するよう規定している。

> 学校は，前項の規定による通報を受けたときその他当該学校に在籍する児童等がいじめを受けていると思われるときは，速やかに，当該児童等に係るいじめの事実の有無の確認を行うための措置を講ずるとともに，その結果を当該学校の設置者に報告するものとする。（いじめ防止対策推進法　第23条第2項）

　そして，いじめの事実が確認された場合には，その行為をやめさせ，また再発を防止するために，複数の教職員，心理や福祉などの専門的な知識を有する者の協力の下，いじめを受けた児童生徒やその保護者に対する支援と，いじめを行った児童生徒への指導，さらにはいじめを行った児童生徒の保護者に対する助言を継続的に行うように規定されている（第23条第3項）。校長および教員は，いじめを行った児童生徒に対して教育上の必要があると認める場合には，学校教育法第11条の規定に基づいて**懲戒**を加えることができる（第25条）。また，市町村の教育委員会は，いじめを行った児童生徒の保護者に対して，いじめを行った児童生徒の**出席停止**を命じることができる（第26条）。第25条の懲戒は「いじめを行ったこと」に対して，いじめを行った児童生徒本人に対して科されるものであるのに対し，第26条の出席停止命令は，「いじめを受けた児童等その他の児童等が安心して教育を受けられるようにする」ことを目的に，いじめを行った児童生徒の保護者に対して出されるものであるという点で異なっている。さらに，いじめが犯罪行為として扱われるべきものとして認められる場合は，学校は所轄警察署と連携して対処し，特にいじめを受けた児童生徒の生命，身体，財産に重大な被害が生じる恐れがあるときには，直ちに所轄警察署に通

報し，適切に，援助を求めなければならないとされている（第23条第6項）。

　いじめを受けた児童生徒に対しては，別室などで学習を行わせるなど，いじめを受けた児童生徒やそのほかの児童生徒が安心して教育を受けられるようにするために必要な措置を講じることも求められている（第23条第4項）。

3）国・地方公共団体などの責務

　国は，第3条に規定されている基本理念にのっとり，いじめの防止等のための対策を総合的に策定し，実施する責務があると規定されている（第5条）。第3条に規定されている基本理念とは，以下のものである。

> 第3条　いじめの防止等のための対策は，いじめが全ての児童等に関係する問題であることに鑑み，児童等が安心して学習その他の活動に取り組むことができるよう，学校の内外を問わずいじめが行われなくなるようにすることを旨として行われなければならない。
> 2　いじめの防止等のための対策は，全ての児童等がいじめを行わず，及び他の児童等に対して行われるいじめを認識しながらこれを放置することがないようにするため，いじめが児童等の心身に及ぼす影響その他のいじめの問題に関する児童等の理解を深めることを旨として行われなければならない。
> 3　いじめの防止等のための対策は，いじめを受けた児童等の生命及び心身を保護することが特に重要であることを認識しつつ，国，地方公共団体，学校，地域住民，家庭その他の関係者の連携の下，いじめの問題を克服することを目指して行われなければならない。　（いじめ防止対策推進法　第3条）

　また，第11条では，文部科学大臣について，関係行政機関の長と連携協力して，いじめの防止等のための対策を総合的かつ効果的に推進するための基本的な方針（いじめ防止基本方針）を定めるものとすると規定している。これを受けて作成されたのが「いじめの防止等のための基本的な方針」である。いじめ防止基本方針は，以下の3点について定めることとされている。

　①いじめの防止等のための対策の基本的な方向に関する事項
　②いじめの防止等のための対策の内容に関する事項

③その他いじめの防止等のための対策に関する重要事項

　地方公共団体については，第3条の基本理念にのっとり，いじめの防止等のための対策について，国と協力して，当該地域の状況に応じた施策を策定し，実施する責務がある（第6条）。また，文部科学大臣が策定するいじめ防止対策基本方針を参酌し，その地域の実情に応じた地方いじめ防止基本方針を定めることが努力義務とされている（第12条）。さらに，地方公共団体に対しては，学校，教育委員会，児童相談所^{メモ}，法務局や地方法務局，都道府県警察などいじめの防止などに関係する機関や団体の連携を図るため，これら機関・団体やその他の関係者によって構成される**いじめ問題対策連絡協議会**を設置することも認められている（第14条）。このいじめ問題対策連絡協議会と教育委員会との円滑な連携の下，地方いじめ防止基本方針に基づく地域におけるいじめの防止等のための対策を実効的に行うようにする必要があるときは，教育委員会に附属機関として必要な組織を置くことができるとされている。

> **✎メモ**
>
> **児童相談所**
>
> 都道府県に設置される児童福祉の中核的な機関である。児童虐待への対応（安全確認，一時保護など）だけでなく，家出や性的逸脱行為などに対する非行相談，不登校やいじめなどに対する育成相談，子どもの障害に関する心身障害相談などを受けており，児童福祉司や児童心理司などが対応している。

　この他，国や地方公共団体については，いじめ防止対策を推進するうえでの財政上の措置（第10条），いじめの通報や相談を受けるための体制整備（第16条），関係機関との連携（第17条），教員の養成や資質の向上，生徒指導に関わる体制などの充実のための教諭・養護教諭の配置，心理や福祉の専門的知識を有して，いじめの防止を含む教育相談に応じる者やいじめへの対処に関して助言をする者など必要な人材の確保や資質の向上（第18条），インターネットによるいじめを監視する関係機関・関係団体の取り組みに対する支援や，インターネットによるいじめに関する事案に対処する体制整備（第19条第3項），いじめの方策や実施の在り方などに関する調査の実施（第20条），いじめ被害が心身に及ぼす影響やいじめ防止の重要性，いじめに関する相談体制などについての啓発活動（第21条）が求められている。

（3）いじめの重大事態

いじめ防止対策推進法では，学校の設置者と学校に対して，**いじめ**
の重大事態に対処し，再発防止をするための組織を設け，事実関係を
明確にするための調査を行うことを規定している（第28条）。いじめの
重大事態には，下記の2つがある。

> いじめにより当該学校に在籍する児童等の生命，心身又は財産に重大な被
> 害が生じた疑いがあると認めるとき（いじめ防止対策推進法　第28条第1項第一号；生命
> 財産重大事態）

> いじめにより当該学校に在籍する児童等が相当の期間学校を欠席すること
> を余儀なくされている疑いがあると認めるとき（いじめ防止対策推進法　第28条第1
> 項第二号；不登校重大事態）

具体的にどのような調査を行うのかについては，次節で扱う「いじ
めの重大事態の調査に関するガイドライン」（文部科学省，2017）や「不登
校重大事態に係る調査の指針」（文部科学省，2014）に詳しく記載されてい
る。

2.　いじめの重大事態に関する調査

2013年にいじめ防止対策推進法が制定されて以降も，いじめがなく
なることはなく，またいじめが原因と考えられる自殺や死亡事故が毎
年生じている。また，いじめを理由として不登校状態になることを余
儀なくされた児童生徒も，一定数存在すると考えられる。

先にみたように，いじめ防止対策推進法第28条では，いじめにより
児童生徒の生命，心身，財産に重大な被害が生じた疑いがある場合や
いじめにより長期間欠席することを余儀なくされている疑いがあると
きには，いじめの重大事態として捉え，調査を行うように義務づけて
いる。

文部科学省「いじめの重大事態の調査に関するガイドライン」（2017）
（以下，「ガイドライン」）や文部科学省初等中等教育局「不登校重大事態に
係る調査の指針」（2014）（以下，「指針」）では，主に図3-1のような流れで，

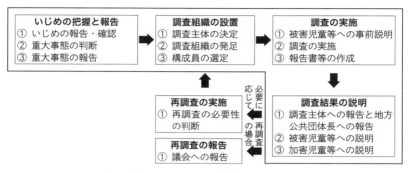

図 3-1　重大事態に対する対応や調査の流れ(文部科学省, 2017)

重大事態に対する対応や調査を行っていくとしている。以下では，この流れに沿って重大事態に対する対応や調査についてみていくことにする。

（1）重大事態の把握と報告

　いじめの重大事態には，**生命心身財産重大事態**と**不登校重大事態**の2種類があり，その定義は先述したいじめ防止対策推進法に示されている通りである。しかし，これらの定義では，生命心身財産重大事態における「重大な被害」や，不登校重大事態の「相当の期間」という文言にあいまいさが残されている。「ガイドライン」では，生命心身財産重大事態として扱われた事例として，次の4つをあげている。

　　①児童生徒が自殺を企図した場合
　　②心身に重大な被害を負った場合
　　③金品等に重大な被害を被った場合
　　④いじめにより転校等を余儀なくされた場合

　「②心身に重大な被害を負った場合」としては，骨折や脳震盪，歯が折れたような身体的な結果だけでなく，「心的外傷後ストレス障害と診断された」「嘔吐や腹痛などの心因性の身体反応が続く」なども含まれている。また，「カッターで刺されそうになったが，とっさにバッグを

盾にしたため刺されなかった」や「わいせつな画像や顔写真を加工した画像をインターネット上で拡散された」という事例についても，このような行為があれば，児童生徒が心身または財産に重大な被害が生じると考えられるとして，重大事態として捉えるとしている。不登校重大事態の「相当の期間」については，文部科学省が毎年行っている「児童生徒の問題行動・不登校等生徒指導上の諸問題に関する調査」において用いられている不登校の定義を踏まえて，年間30日を目安としている。しかし，年間30日に達していないからといって重大事態と捉えないのではなく，児童生徒が一定期間，連続して欠席しているような場合には，学校の設置者や学校の判断により，迅速に調査に着手することが「いじめ防止基本方針」で求められている。

重大事態の定義にはいずれも「疑いがあると認めるとき」とされている。「疑いがある」とはその通りの意味であり，事実関係やいじめとの因果関係が確認されていなくても，いじめがあったと思われる，いじめによって生じたと考えられる段階で，「疑いがあると認めるとき」に相当し，組織を設置し，調査を行わなければならないのである。

児童生徒の状況が重大事態にあたるかを判断するのは，「学校の設置者又はその設置する学校」である。いじめは教師などによる発見や定期的なアンケート，クラスメイトなどからの報告などによって明らかになることもあるが，いじめを受けた児童生徒やその保護者からの申し立てによって明るみになることもある。このようにいじめを受けた児童生徒やその保護者からの申し出があった場合には，その時点で学校が「いじめの結果ではない」「重大事態とはいえない」と考えたとしても，重大事態が発生したものとして報告・調査に当たることが求められている（ガイドライン）。

学校においていじめの重大事態が発生した場合，その旨を報告しなければならないが，報告先や経路は，下記のように学校の種類によって異なっている（第29条から第32条）。

国立大学法人附属学校：当該国立大学法人の学長を経由して文部科学大臣へ報告

公立学校：当該学校を設置する地方公共団体の教育委員会を経由して当該地方公共団体の長へ報告

私立学校：当該学校の設置者を経由して当該学校を所管する都道府県知事へ報告

学校設置会社が設置する学校：当該学校設置会社の代表取締役または代表執行役を経由して認定地方公共団体の長へ報告

　報告の内容としては，①学校名，②対象児童生徒の氏名・学年・性別など，③報告の時点における対象児童生徒の状況，④重大事態に該当すると判断した根拠など，があり，不登校重大事態の場合は欠席日数・期間も報告することになる。

　なお，文部科学大臣による「いじめ防止基本方針」では，重大事態が発生した場合には「直ちに」学校の設置者に報告することが求められている。「指針」では，不登校重大事態の場合は7日以内に行うことが望ましいとされており，生命心身財産重大事態でも同様であると考えられる。

（2）調査主体と調査組織

　いじめ防止対策推進法第28条では重大事態が発生した際には，「当該学校の設置者又はその設置する学校の下に組織を設け」，事実関係を明確にするための調査を行うとしている。つまり，重大事態の調査を始める際には，調査の主体を学校の設置者とするか学校にするかを決めなければならない。学校の設置者とは，国立学校の場合は国立大学法人，公立学校の場合は地方公共団体，私立学校の場合は学校法人となる。ただし，いじめ防止対策推進法第28条における「学校の設置者」は学校を設置・管理する教育委員会となる（ガイドライン）。

　学校の設置者や学校が重大事態の調査を行う際には，「速やかに」その下に組織を設けることとされている（第28条）。その場合，重大事態が起きてから急きょ調査を行うための組織を立ち上げることは困難であるため，学校の設置者が主体となる場合は教育委員会に附属機関としておくことができる組織（第14条第3項）を，学校が主体となる場合は「いじめの防止等の対策のための組織」（第22条）を，それぞれ調査組織

として，あるいは調査組織の母体とすることが考えられる。

調査組織の構成としては，弁護士や精神科医，学識経験者，心理や福祉の専門家であるスクールカウンセラーや**スクールソーシャルワーカー**^{メモ}などの専門的知識および経験を有する者であって，当該いじめ事案の関係者と直接の人間関係または特別な利害関係を有しない者の参加を図り，公平性・中立性を確保するよう努めることが求められている（ガイドライン）。

> **📝メモ**
> **スクールソーシャルワーカー（SSW）**
> いじめや不登校のような教育的問題だけでなく，貧困や児童虐待などの福祉的な問題について，学校内にとどまらず，学校外の関係機関等との連携によって，対応する役割を任っている。

(3) 調査の実施

調査を実施する前には，いじめを受けた児童生徒やその保護者，またいじめを行った児童生徒とその保護者に，調査について説明することが求められる。説明する内容は下記となる（ガイドライン）。

①調査の目的・目標
②調査主体（組織の構成，人選）
③調査時期・期間（スケジュール，定期報告）
④調査事項（いじめの事実関係，学校の設置者及び学校の対応等）・調査対象（聴き取り等をする児童生徒・教職員の範囲）
⑤調査方法（アンケート調査の様式，聴き取りの方法，手順）
⑥調査結果の提供（被害者側，加害者側に対する提供等）

この事前の説明においては，「いじめはなかった」「学校に責任はない」などと断定的な説明をしないこと，いじめを受けた児童生徒やその保護者の心情を害する言動は慎み，いじめを受けた児童生徒やその保護者に寄り添いながら対応し，信頼関係を構築することを目指さなければならない。また，詳細な調査を実施するまでもなく，学校の設置者・学校の不適切な対応によりいじめを受けた児童生徒やその保護者を深く傷つける結果となったことが明らかである場合は，調査結果を待たずに，速やかにいじめを受けた児童生徒やその保護者に対して対応の不備について説明し，謝罪などを行うことが求められる（ガイドライン）。

重大事態に関する調査の目的は「事実関係を明確にする」ことであ

る。そのため，調査の対象者はいじめを受けた児童生徒やその保護者，教職員（学級・学年・部活動関係等），クラスメイトなど関係する児童生徒など多岐にわたり，いじめを行った児童生徒からも対象となっているいじめの事実について意見を聴取し，公平性・中立性を確保することが求められる。調査事項としては，いじめ行為が，いつ（いつごろから），誰から行われ，どのような様態であったか，いじめを生んだ背景事情や児童生徒の人間関係にどのような問題があったか，学校・教職員のこれまでの指導経緯などが想定されている（指針）。調査の方法としては，直接的な聴き取りはもちろん，アンケートを用いることもある。その際，アンケートを記名式で行うか無記名式で行うかは，そのときの状況に応じて判断する。

　調査によって把握した情報の記録は，各地方公共団体などの文書管理規則などに基づいて，保存期間を明確に設定し，適切に保存しなければならない。指針では，アンケートの質問票の原本などの一次資料の保存期間は最低でも当該児童生徒が卒業するまでとし，アンケートや聴取の結果を記録した文書などの二次資料および調査報告書は，指導要録との並びで保存期間を５年とすることが望ましいとしている。

　ただし，記録の破棄については，いじめを受けた児童生徒やその保護者に無断で行うのではなく，説明のうえ，破棄することが望ましく，必要に応じて，保存期間を改めて設定することも考えられる（ガイドライン）。

（4）調査結果の説明

　調査組織で行われた調査の結果は，報告書として調査主体である学校の設置者または学校に提出される。学校の設置者や学校は，受け取った調査結果やその後の対応方針について，国立学校は文部科学大臣に，公立学校は地方公共団体の長に，私立学校は都道府県知事に報告・説明しなければならない。特に，公立学校の場合は，教育委員会会議の議題として取り扱い，総合教育会議において議題として取り扱うことも検討するよう求められている（ガイドライン）。地方公共団体の長などへの報告の際には，いじめを受けた児童生徒やその保護者は，調査結

果に関わる所見をまとめた文書をその報告に添えることができる（ガイドライン）。

　いじめ防止対策推進法第28条第2項では，いじめを受けた児童等やその保護者に対する事実関係などの提供について，以下のように定めている。

> 学校の設置者又はその設置する学校は，前項の規定による調査を行ったときは，当該調査に係るいじめを受けた児童等及びその保護者に対し，当該調査に係る重大事態の事実関係等その他の必要な情報を適切に提供するものとする。（いじめ防止対策推進法　第28条第2項）

　学校の設置者や学校は各地方公共団体の個人情報保護条例^{メモ}などに従って，不開示とする部分を除いた部分を適切に整理したうえで，いじめを受けた児童生徒やその保護者に情報提供や説明を行わなければならない。

　また学校の設置者や学校は，いじめを受けた児童生徒やその保護者に説明した

> **メモ**
>
> **法律と条令**
> 法律は国会によって制定されるものであり，その内容は基本的に日本国民全体に適用される。
> 対して条例は地方自治体によって制定されるものであり，その自治体の区域内のみで適用される。また，条例は法律よりも強い規制等を行うことはできない。

方針に従って，いじめを行った児童生徒やその保護者に対しても，いじめの事実関係について説明することが求められる（ガイドライン）。その際，事実の報告・説明だけでなく，いじめを行った児童生徒が抱えている問題とその心に寄り添いながら，個別に指導することで，いじめの非に気づかせて，いじめを受けた児童生徒への謝罪の気持ちを醸成させることが求められる。

（5）地方公共団体の長などによる再調査

　調査結果の報告を受けた地方公共団体の長などが，その調査が不十分であると判断した際には，再調査をすることができる（いじめ防止対策推進法第29条第2項，第30条第2項，第31条第2項，第32条第2項）。「ガイドライン」には，調査が不十分である可能性がある事例として，以下の4点をあげている。

①調査等により，調査時には知り得なかった新しい重要な事実が判明した場合又は新しい重要な事実が判明したものの十分な調査が尽くされていない場合
②事前に被害児童生徒・保護者と確認した調査事項について，十分な調査が尽くされていない場合
③学校の設置者及び学校の対応について十分な調査が尽くされていない場合
④調査委員の人選の公平性・中立性について疑義がある場合

　再調査を行う場合は，重大事態の把握や調査組織の人選など，当初の調査と同様に進めていくことになる。再調査の結果は，地方公共団体の長などに報告される。なお，公立学校における再調査の場合，地方公共団体の長はその結果を議会に報告しなければならない（いじめ防止対策推進法第30条第3項）。

3. いじめの現状

　これまで説明してきたように，いじめ防止対策推進法制定以来，いじめの予防および対処については，これまで以上にさまざまな取り組みが行われてきた。しかし，それでも毎年のようにいじめを苦にした自殺や，いじめを原因・きっかけとした不登校がみられる。では，いじめの現状はどのようになっているのであろうか。

　いじめに関する統計としては，文部科学省「児童生徒の問題行動・不登校等生徒指導上の諸課題に関する調査」が毎年行われている。ここでは，令和元年度版（2020年10月22日付）に基づいて，いじめの現状をみていくこととする。

　なお，現在と同じ調査対象・調査方法となったのが2013（平成25）年度からであるため，経年的な変化については2013（平成25）年度以降についてみていくことにする。また，この調査の対象は小学校，中学校，高等学校，特別支援学校があるが，特別支援学校については年間の件数が少ないことなどから割愛する。

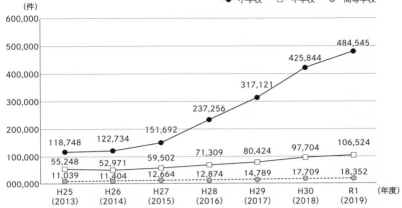

（件）

	小学校	中学校	高等学校

図 3-2　　学校種ごとのいじめ認知件数の推移（文部科学省，2020）

（1）いじめの認知件数

　2013（平成 25）年度以降の小学校・中学校・高等学校におけるいじめの認知（発生）件数の推移（図3-2）をみると，小学校が急増，中学校と高等学校が微増となっているのがみてとれる。2013（平成 25）年度と 2018（平成 30）年度を比較すると，小学校が約 4 倍（約 12 万件→約 48 万件），中学校が約 1.9 倍（約 5 万件→約 10 万件），高等学校が 1.7 倍（約 11 万件→約 18 万件）となっている。1,000 人当たりの認知件数をみても，小学校が 75.8 件，中学校が 32.8 件，高等学校が 5.4 件となっている。いじめを認知した学校数でみると，小学校は全 19,832 校のうち 17,485 校（88.2%），中学校では全 10,370 校のうち 8,945 校（86.3%），高等学校では全 5,665 校のうち 3,632 校（64.1%）でいじめが認知されている。学年ごとでのいじめ認知件数（図3-3）では，小学 2 年生が最も多く，その後，小学校では学年が上がるごとに減少傾向にある。小学 6 年生から中学 1 年生で微増するが，その後はまた減少している。

　いじめの様態（表3-1）では，「冷やかしやからかい，悪口や脅し文句，嫌なことを言われる」（以下【冷やかしやからかい】）が 61.0% 程度と最も多くなっている。小学校では「軽くぶつかられたり，遊ぶふりをして叩かれたり，蹴られたりする」（以下【軽い暴力】）が 23.6%，「仲間はずれ，集

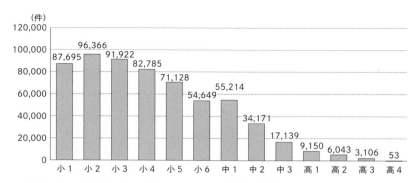

図 3-3　令和元年度の学年ごとのいじめ認知件数（文部科学省，2020 より作成）

表 3-1　いじめの様態（文部科学省，2020 をもとに作成）

区分	小学校	中学校	高等学校
冷やかしやからかい，悪口や脅し文句，嫌なことを言われる。【冷やかしやからかい】	295,652 (61.0%)	70,760 (66.4%)	11,331 (61.7%)
仲間はずれ，集団による無視をされる。【仲間はずれ】	67,220 (13.9%)	13,256 (12.4%)	2,971 (16.2%)
軽くぶつかられたり，遊ぶふりをして叩かれたり，蹴られたりする。【軽い暴力】	114,138 (23.6%)	14,615 (13.7%)	1,801 (9.8%)
ひどくぶつかられたり，叩かれたり，蹴られたりする。	27,488 (5.7%)	4,764 (4.5%)	655 (3.6%)
金品をたかられる。	4,455 (0.9%)	1,154 (1.1%)	480 (2.6%)
金品を隠されたり，盗まれたり，壊されたり，捨てられたりする。	27,314 (5.6%)	5,549 (5.2%)	964 (5.3%)
嫌なことや恥ずかしいこと，危険なことをされたり，させられたりする。	40,810 (8.4%)	7,823 (7.3%)	1,237 (6.7%)
パソコンや携帯電話等で，ひぼう・中傷や嫌なことをされる。【パソコンによる中傷】	5,608 (1.2%)	8,629 (8.1%)	3,437 (18.7%)
その他	22,112 (4.6%)	3,326 (3.1%)	947 (5.2%)
認知件数	**484,545**	**106,524**	**18,352**

注1）複数回答可とする。1 件のいじめであっても，複数の態様に該当する場合には，それぞれの項目に計上。
注2）構成比は，各区分における認知件数に対する割合。

団による無視をされる」（以下【仲間はずれ】）が 13.9% と続いている。中学校や高等学校でも【軽い暴力】が 2 番目，【仲間はずれ】が 3 番目であることは変わらないが，【軽い暴力】については小学校から中学校で 9.9% 減り，小学校から高等学校では 13.8% 減少している。反対に，学校段階が上がるにつれ増えている形態として「パソコンや携帯電話等で，ひぼう・中傷や嫌なことをされる」（以下【パソコンによる中傷】）があり，小学校では 1.2% であったが，中学校では 8.1%，高等学校では 18.7% となっている。

　小学校・中学校・高等学校の合計でみると，小学校での認知件数がこれらの合計の 79.5% を占めている。小学校が 6 学年，中学校・高等学校が 3 学年であることを考慮しても，この割合は大きなものである。いじめを早期に発見するために，軽微なものも報告されるようになっているが，小学校低学年の場合は，【軽い暴力】のような軽微ないじめが教師の目にとまるために認知件数が増えていると考えられる。総務省 (2018) の「いじめ防止対策の推進に関する調査結果に基づく勧告」では，平成 28 年度調査においていじめを 1 件も認知していない学校が 30.6% あることを指摘し，「真にいじめを根絶できている場合も存在するであろうが，解消に向けた対策が何らとられることなく放置されたいじめが多数潜在する場合もある」との懸念を示している。小学生に比べて，中学生や高校生では親や教師のような大人の目の届かないところや，【パソコンによる中傷】のようなインターネット上でいじめを行っていたり，いじめの証拠などを巧妙に隠していたりする可能性も考えられる。この調査結果は，あくまで認知された件数を学校が報告しているものであり，実際には発見・認知されなかったいじめが一定数あることを考慮する必要がある。

(2) いじめの問題に対する日常の取り組み

　いじめ防止対策推進法第 15 条では，学校はいじめを防止するために，児童生徒に豊かな情操や道徳性，心の通う対人交流の能力の素地を養う道徳教育や体験活動などを充実させることに加え，第 2 項において，以下のような措置を講ずるよう求めている。

> 学校の設置者及びその設置する学校は，当該学校におけるいじめを防止するため，当該学校に在籍する児童等の保護者，地域住民その他の関係者との連携を図りつつ，いじめの防止に資する活動であって当該学校に在籍する児童等が自主的に行うものに対する支援，当該学校に在籍する児童等及びその保護者並びに当該学校の教職員に対するいじめを防止することの重要性に関する理解を深めるための啓発その他必要な措置を講ずるものとする（いじめ防止対策推進法　第15条第2項）

　このような活動や措置は日常的に行われるべきものである。

　各学校で行われているいじめの問題に対する日常の取り組み（表3-2）では，「職員会議等を通じて，いじめの問題について教職員間で共通理解を図った」や「スクールカウンセラー，相談員，養護教諭を積極的に活用して教育相談体制の充実を図った」は小学校，中学校，高等学校のいずれにおいても90%前後の学校で行われている。また，「学校いじめ防止基本方針をホームページに公表するなど，保護者や地域住民に周知し，理解を得るよう努めた」や「インターネットを通じて行われるいじめの防止および効果的な対処のための啓発活動を実施した」は80%前後の学校で行われている。一方，「いじめの問題に関する校内研修会を実施した」や「道徳や学級活動の時間にいじめにかかわる問題を取り上げ，指導を行った」「児童・生徒会活動を通じて，いじめの問題を考えさせたり，児童・生徒同士の人間関係や仲間作りを促進したりした」などは，小学校や中学校では80%以上で行われているのに対し，高等学校では50～60%程度しか行われておらず，いじめの問題に対する日常の取り組みについては，小学校・中学校と高等学校の間で差があることがうかがえる。

　また，いじめ防止対策推進法第22条では，学校に「いじめの防止等の対策のための組織を置くものとする」と規定している。なお，「ものとする」という表現は，原則や方針を示すために用いられる表現であり，義務について弱いニュアンスで表している。「しなければならない」ほど義務であることを強く表現しているわけではないため，合理的な理由があれば行わなくてもよいともいえる。総務省（2018）の「いじめ防止対策の推進に関する調査結果に基づく勧告」では調査対象校

表3-2　学校におけるいじめの問題に対する日常の取り組み（文部科学省, 2020）

区分	小学校	中学校	高等学校
職員会議等を通じて，いじめの問題について教職員間で共通理解を図った。	19,507 （98.4%）	10,123 （97.6%）	5,247 （92.6%）
いじめの問題に関する校内研修会を実施した。	17,630 （88.9%）	8,670 （83.6%）	3,506 （61.9%）
道徳や学級活動の時間にいじめにかかわる問題を取り上げ，指導を行った。	19,381 （97.7%）	9,968 （96.1%）	3,581 （63.2%）
児童・生徒会活動を通じて，いじめの問題を考えさせたり，児童・生徒同士の人間関係や仲間作りを促進したりした。	17,189 （86.7%）	8,824 （85.1%）	2,857 （50.4%）
スクールカウンセラー，相談員，養護教諭を積極的に活用して教育相談体制の充実を図った。	18,128 （91.4%）	9,784 （94.3%）	4,997 （88.2%）
教育相談の実施について，学校以外の相談窓口の周知や公報の徹底を図った。	16,424 （82.8%）	8,548 （82.4%）	3,810 （67.3%）
学校いじめ防止基本方針をホームページに公表するなど，保護者や地域住民に周知し，理解を得るように努めた。	17,746 （89.5%）	8,939 （86.2%）	4,344 （76.7%）
PTAなど地域の関係団体等とともに，いじめの問題について協議する機会を設けた。	10,481 （52.8%）	5,391 （52.0%）	1,482 （26.2%）
いじめの問題に対し，警察署や児童相談所など地域の関係機関と連携協力した対応を図った。	7,374 （37.2%）	4,586 （44.2%）	1,514 （26.7%）
インターネットを通じて行われるいじめの防止および効果的な対処のための啓発活動を実施した。	16,562 （83.5%）	9,017 （87.0%）	4,287 （75.7%）
学校いじめ防止基本方針が学校の実情に即して機能しているか点検し，必要に応じて見直しを行った。	18,526 （93.4%）	9,369 （90.3%）	4,316 （76.2%）
いじめ防止対策推進法第22条に基づく，いじめ防止等の対策のための組織を招集した。	18,669 （94.1%）	9,457 （91.2%）	4,568 （80.6%）

注1）複数回答可とする。ただし，1校において，同じ区分の取組を複数回実施している場合でも，1校と数える。
注2）高等学校の全定併置校や通信制併設校等は，全日制，定時制，通信制をそれぞれ1校として計上。
注3）構成比は，各区分における学校総数に対する割合。

となったすべての学校で，いじめ防止等の対策のための組織が設置されていたとしている。表3-2でも示されているように，「いじめ防止対策推進法第22条に基づく，いじめの防止等のための組織を招集した」は，小学校で94.1%，中学校で91.2%，高等学校で80.6%となっている。これは，組織を設置してはいるが，招集はしていない学校が少なからずあるということである。文部科学大臣の決定に基づく「いじめの防止等のための基本方針」では，いじめ防止等の対策のための組織の役割として，次の3つをあげている。

①未然防止
②早期発見・事案対処
③学校いじめ防止基本方針に基づく各種取り組み

①や③は実際にいじめが発生しなくとも果たすべき役割であり，組織を招集していない学校では，このような日常の取り組みが組織的に行われていない可能性がある。

いじめの防止等のためには，先に示した第15条第2項において，児童生徒の保護者や地域住民その他の関係機関と連携を図ることが求められている。しかし，「PTAなど地域の関係団体等とともに，いじめの問題について協議する機会を設けた」は小学校・中学校で50%程度，高等学校では26.2%であり，「いじめの問題に対し，警察署や児童相談所など地域の関係機関と連携協力した対応を図った」は小学校・中学校で40%前後，高等学校では26.7%と，他の項目に比べて行われている割合が低い。いじめの予防や早期発見，被害児童生徒や加害児童生徒の支援・指導を適切に行うためにも，保護者や地域との連携がさらに図られることが期待される。

(3) いじめの発見のきっかけと被害・加害児童生徒への対応

実際にいじめはどのように発見されているのであろうか。いじめの発見のきっかけ (表3-3) によると，学校の教職員が発見したケースが小学校で約70%，中学校・高等学校でも50%強となっている。そのなかでも大きな割合を占めているのが「アンケート調査など学校の取組により発見」である。いじめ防止対策推進法第16条では，いじめの早期発見のために「定期的な調査その他の必要な措置を講ずるものとする」と規定している。実施回数や頻度などには学校間で差があると思われるが，この定期的な調査がいじめの発見に一定の効果をもっていることが示されているといえる。一方，「学級担任が発見」はどの学校段階でも10%程度かそれを下回っている。さらに，児童生徒の相談などを受ける立場にある養護教諭やスクールカウンセラーが発見したケースはほとんどなく，いじめが教職員の目の届かないところで行われていることが推察される。

表 3-3　いじめの発見のきっかけ (文部科学省, 2020)

区分		小学校	中学校	高等学校
学校の教職員等が発見		342,262 (70.6%)	57,527 (54.0%)	10,743 (58.5%)
	① 学級担任が発見	51.973 (10.7%)	10,253 (9.6%)	1,050 (5.7%)
	② 学級担任以外の教職員が発見（養護教諭，スクールカウンセラー等の相談員を除く）	6,636 (1.4%)	6,195 (5.8%)	619 (3.4%)
	③ 養護教諭が発見	1,163 (0.2%)	770 (0.7%)	155 (0.8%)
	④ スクールカウンセラー等の相談員が発見	565 (0.1%)	305 (0.3%)	74 (0.4%)
	⑤ アンケート調査など学校の取組により発見	281,925 (58.2%)	40,004 (37.6%)	8,845 (48.2%)
学校の教職員以外からの情報により発見		142,283 (29.4%)	48,997 (46.0%)	7,609 (41.5%)
	⑥ 本人からの訴え	75,366 (15.6%)	26,822 (25.2%)	4,840 (26.4%)
	⑦ 当該児童生徒（本人）の保護者からの訴え	46,051 (9.5%)	14,432 (13.5%)	1,622 (8.8%)
	⑧ 児童生徒（本人を除く）からの情報	14,486 (3.0%)	5,630 (5.3%)	784 (4.3%)
	⑨ 保護者（本人の保護者を除く）からの情報	5,312 (1.1%)	1,717 (1.6%)	248 (1.4%)
	⑩ 地域住民からの情報	290 (0.1%)	94 (0.1%)	7 (0.0%)
	⑪ 学校以外の関係機関（相談機関等含む）からの情報	580 (0.1%)	169 (0.2%)	56 (0.3%)
	⑫ その他（匿名による投書など）	198 (0.0%)	133 (0.1%)	52 (0.3%)
計		484,545	106,524	18,352

注)　「学校の教職員等が発見」か「学校の教職員以外からの情報により発見」のいずれかを選択し，その内訳についても該当するものを一つ選択している。

　学校の教職員等以外からの情報では，「本人からの訴え」が最も多かった。それでも小学校で約 16%，中学校と高等学校で 25% 程度と決して割合として多いとは言えず，いじめを受けている児童生徒が自らいじめを訴えることの難しさが感じられる。さらに，保護者からの訴えも，各学校段階で 10% 程度と多いとは言えない状態にある。いじめられていることを保護者に相談できなかったり，相談しても保護者が適切に取り扱ってくれなかったりすることが考えられる。保護者が子

表 3-4　いじめ認知時点におけるいじめを受けた児童生徒の相談状況（文部科学省, 2020）

区分	小学校	中学校	高等学校
学級担任に相談	398,877 (82.3%)	81,298 (76.3%)	12,434 (67.8%)
学級担任以外の教職員に相談（養護教諭，スクールカウンセラー等の相談員を除く）	21,602 (4.5%)	19,285 (18.1%)	4,062 (22.1%)
養護教諭に相談	8,729 (1.8%)	5,252 (4.9%)	1,712 (9.3%)
スクールカウンセラー等の相談員に相談	6,339 (1.3%)	3,633 (3.4%)	1,338 (7.3%)
学校以外の相談機関に相談（電話相談やメール等も含む）	1,699 (0.4%)	928 (0.9%)	252 (1.4%)
保護者や家族等に相談	100,946 (20.8%)	26,321 (24.7%)	4,553 (24.8%)
友人に相談	27,884 (5.8%)	9,678 (9.1%)	2,781 (15.2%)
その他の人（地域の人など）に相談	1,893 (0.4%)	351 (0.3%)	100 (0.5%)
誰にも相談していない	25,548 (5.3%)	5,627 (5.3%)	1,664 (9.1%)
認知件数	484,545	106,524	18,352

注1）複数回答可とする。
注2）学校が当該児童生徒に対するいじめを認知した時点において，当該児童生徒が誰に相談しているのか，該当するものを選択。
注3）構成比は，各区分における認知件数に対する割合。

どもの話を聞き，いじめを受けていると思われる場合には適切に対応できるよう，日ごろからの啓もう活動や情報発信などが求められる。

　ところで，いじめを受けた児童生徒は誰に相談しているのであろうか。表3-4は，学校が当該児童生徒に対するいじめを認知した時点において，当該児童生徒が相談している相手について回答したものである。最も多く相談を受けているのは学級担任であり，小学校では80％以上となっている。一方，高等学校では67.8％と約15％低下する。これは教科担任制になることに加え高等学校では中学校以上に担任と関わる機会・時間が少なくなるためであると考えられる。その代わり，高等学校では小学校や中学校に比べて，学級担任以外の教職員や養護教諭，スクールカウンセラー，友人に相談している割合が多くなって

表 3-5　いじめを受けた児童生徒への特別な対応 (文部科学省, 2020)

区分	小学校	中学校	高等学校
スクールカウンセラー等の相談員が継続的にカウンセリングを行う	7,479 (1.5%)	6,334 (5.9%)	3,160 (17.2%)
別室を提供したり，常時教職員が付くなどして心身の安全を確保	9,786 (2.0%)	7,828 (7.3%)	2,059 (11.2%)
緊急避難としての欠席	338 (0.1%)	320 (0.3%)	276 (1.5%)
学級担任や他の教職員等が家庭訪問を実施	29,395 (6.1%)	25,377 (23.8%)	2,141 (11.7%)
学級替え	111 (0.0%)	119 (0.1%)	85 (0.5%)
当該いじめについて，教育委員会として連携して対応	11,518 (2.4%)	5,825 (5.5%)	812 (4.4%)
児童相談所等の関係機関と連携した対応（サポートチームを含む）	1,157 (0.2%)	681 (0.6%)	157 (0.9%)
認知件数	484,545	106,524	18,352

注1）複数回答可とする。
注2）構成比は，各区分における認知件数に対する割合。

いる。保護者や家族等に対しては，どの学校段階でも 20%台となっている。最も身近で相談できる相手であると考えられる保護者であっても，いじめを受けていることはなかなか相談できない実情が明らかになっている。いじめを早期発見し，深刻化させないためにも，いじめを受けている児童生徒が相談できる体制を整備するとともに，多様な大人が関わり，相談の選択肢を増やすことが求められる。

　いじめを受けた児童生徒に対する特別な対応としては (表3-5)，「学級担任や他の教職員等が家庭訪問を実施」が最も多く，特に中学校では 23.8% 行われている。高等学校では「スクールカウンセラー等の相談員が継続的にカウンセリングを行う」や「別室を提供したり，常時教職員が付くなどして心身の安全を確保」などが行われている。一方，全体的にみると，このような特別な対応はそれほど多くは行われておらず，特に小学校では特別な対応のほとんどが行われていない。もちろん各学校において，教職員等による指導などが行われており，特別な対応をしなくても，解消に至ったケースもあると考えられる。実際，調査の時点でいじめが解消しているものは，小学校で 83.6%，中学校

表 3-6　いじめを行った児童生徒への特別な対応 (文部科学省, 2020)

区分	小学校	中学校	高等学校
スクールカウンセラー等の相談員がカウンセリングを行う	5,881 (1.2%)	2,852 (2.7%)	1,554 (8.4%)
校長, 教頭が指導	20,412 (4.2%)	3,441 (3.2%)	2,595 (14.1%)
別室登校	33,909 (7.0%)	12,419 (11.7%)	2,752 (20.4%)
学級替え	98 (0.0%)	70 (0.1%)	58 (0.3%)
退学・転学			
懲戒退学	0 (0.0%)	5 (0.0%)	26 (0.1%)
その他	28 (0.0%)	59 (0.1%)	242 (1.3%)
停学			630 (3.4%)
出席停止	0 (0.0%)	0 (0.0%)	
自宅学習・自宅謹慎			1,396 (7.6%)
訓告	34 (0.0%)	238 (0.2%)	351 (1.9%)
保護者への報告	206,478 (42.6%)	72,734 (68.3%)	8,284 (45.1%)
いじめられた児童生徒やその保護者に対する謝罪の指導	221,601 (45.7%)	57,837 (54.3%)	5,021 (27.4%)
関係機関等との連携			
警察等の刑事司法機関等との連携	389 (0.1%)	639 (0.6%)	288 (1.6%)
児童相談所等の福祉機関等との連携	482 (0.1%)	263 (0.2%)	40 (0.2%)
病院等の医療機関等との連携	431 (0.1%)	250 (0.2%)	54 (0.3%)
その他の専門的な関係機関との連携	1,052 (0.2%)	467 (0.4%)	121 (0.7%)
地域の人材や団体等との連携	472 (0.1%)	101 (0.1%)	13 (0.1%)

注1) 複数回答可とする。
注2) 構成比は, 各区分における認知件数に対する割合。

で81.5%, 高等学校で82.9%となっている。なお, いじめの解消とは, 次の2つの要件を満たしているものとされている。

①被害者に対する心理的または物理的な影響を与える行為が止んでいる状態が相当の期間（3か月が目安）継続していること。
②被害児童生徒が心身の苦痛を感じていないこと。

いじめを行った児童生徒に対する特別な対応としては (表3-6),「保護者への報告」や「いじめられた児童生徒やその保護者に対する謝罪の指導」が多く行われている。また, 高等学校では「別室登校」「校長, 教頭が指導」「スクールカウンセリング等の相談員がカウンセリングを

行う」も小学校や中学校に比べると行われている。

　いじめ防止対策推進法第25条では，校長および教員による懲戒を認めているが，懲戒退学や停学，自宅学習・自宅謹慎，訓告などの懲戒はほとんど，あるいはまったく行われていない。また第26条では教育委員会がいじめを行った児童生徒の保護者に対して出席停止命令を出すことも認めているが，これについても1件も出されていない。後述するが，第28条に規定されている「重大事態」が650校で753件（「調査の結果，いじめが確認されなかったもの」37件含む）発生していることを考慮すると，懲戒や出席停止命令が適切に運用されていないことが懸念される。

　さらに，関係機関等との連携については，高等学校において「警察等の刑事司法機関等との連携」が1.6%行われていることを除けば，どの学校段階においても刑事司法機関，福祉機関，医療機関，地域の人材や団体，その他の機関等との連携はほとんど行われていない状況にある。

（4）重大事態の発生件数

　上述したように，いじめ防止対策推進法第28条に規定されている重大事態は，753件発生している（表3-7）。このうち，生命心身財産重大事態は297件，不登校重大事態は515件となっている。生命心身財産重大事態はさらに「生命」「身体」「精神」「金品等」のなかから最も被害が重大であると思われるものを選ぶようになっており，「精神」が最も多くなっている。生命心身財産重大事態のうち「調査済み」が199件であり，6件ではいじめが確認されなかった。不登校重大事態では調査済みが360件であり，そのうち31件ではいじめが確認されなかった。

　このように，「児童生徒の問題行動・不登校等生徒指導上の諸課題に関する調査結果について」をみると，学校で起こっているいじめの様相をある程度把握することができる。ただし，この調査は，国公私立

表 3-7　重大事態の発生件数 (文部科学省 , 2020)

区分	小学校	中学校	高等学校	計
重大事態の発生件数	259	334	124	717
生命心身財産重大事態	99	137	61	297
重大な被害の様態				
生命	12	33	13	58
身体	11	17	14	42
精神	64	73	29	166
金品等	12	14	5	31
調査状況				
【調査済みの件数】	68	95	36	199
うち,調査の結果,いじめが確認されたもの	68	90	35	193
うち,調査の結果,いじめが確認されなかったもの	0	5	1	6
【調査中の件数】	31	42	25	98
不登校重大事態	196	233	86	515
調査状況				
【調査済みの件数】	136	171	53	360
うち,調査の結果,いじめが確認されたもの	129	157	43	329
うち,調査の結果,いじめが確認されなかったもの	7	14	10	31
【調査中の件数】	60	62	33	155

注1) 複数回答可とする。
注2) 構成比は，各区分における認知件数に対する割合。

小学校・中学校・高等学校・特別支援学校，都道府県教育委員会，市町村教育委員会を対象として行われ，各学校・教育委員会が把握しているものであり，実際には各学校・教育委員会が把握できていないいじめが，この調査件数の何倍もある可能性があることに留意しておかなければならない。

いじめへの初期対応

公認心理師である田中さんは公立中学校でスクールカウンセラーとして，週1回勤務している。5月の連休が明けたある日，中学2年生のハルカさんが相談室にやってきた。ハルカさんは，最近クラスメイトのトモコさんが複数の生徒から無視をされたり，仲間はずれにされたりしていると告げた。ハルカさんはこの状況をどうにかしてほしいが，ハルカさんが相談したことは内緒にしてほしいと強く希望していた。

田中さんは，ハルカさんが話しに来てくれた気持ちを十分に受け止めたうえで，「私ひとりでは，今の状況をどうにかすることは難しいので，教えてくれたのがハルカさんであるということは言わないけれど，今日話してくれたことは担任の先生にも伝えていい？」と尋ねた。ハルカさんは少し心配そうな表情を見せたが，「私のことを言わないなら……」と承諾してくれた。

田中さんはさっそく，ハルカさんの担任である石川先生に話をし，今後の対応を検討することとした。

STEP1：いじめの構造を理解する

いじめには，加害者（いじめっ子）と被害者（いじめられっ子）がいることは明らかである。しかし，実際にはいじめが行われている周囲には，多くの他の子どもがおり，そのような子ども間の関係性で成り立っていると考えられる。

森田・清水（1986）は，**いじめの4層構造**を提唱している（図3-4）。最も中心にいるのが**被害者**（いじめられっ子）で，その周辺を**加害者**（いじめっ子）が囲っている。通常，被害者よりも加害者のほうが人数は多い。また，なかには，加害者だったものが被害者になったり，加害者と被害者の立場を行き来したりする**加害被害者**も存在する。加害者・被害者の周囲に

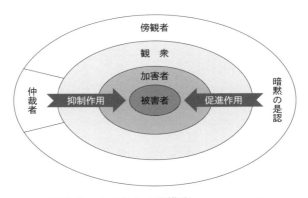

図 3-4　　いじめの 4 層構造（森口・清水，1986）

は，**観衆**と呼ばれる層がある。観衆は，自らいじめに手を出したりすることはないが，いじめている様子・いじめられている様子をみて，笑ったり，はやし立てたりすることがあり，それがいじめの促進要因となっている。

　さらに外側の層にいるのが，**傍観者**である。傍観者とは，見て見ぬふりをする者であり，学級内で最も人数が多い。傍観者は，いじめに対して手を出したり，はやし立てたりするわけでもないため，いじめが起こった際に「自分たちには関係ない」という態度をとる。しかし，いじめに対して何もしないということが，加害者に対して「**暗黙の是認**」を与えることになっている。加害者からすると，自分たちが行っている行為が不適切であれば，誰かが止めに入るはずである。しかし，誰も止めないということは，自分たちが行っている行動は不適切ではない，あるいはみんなも望んでいることだという考えに至るのである。つまり，何もせずにいじめを止めに入らないということは，それだけで，加害者に対していじめ行為が肯定されている印象を与えるのであり，間接的にいじめを促進しているといえる。

　学級のなかには，いじめ行為をみて，それを止めようとする者が出てくる。これを**仲裁者**と呼ぶ。仲裁者はいじめを抑制する役割を果たす者であり，事例のハルカさんも仲裁者であるといえる。しかし，仲裁者自

身が直接加害者と被害者の間に入っていじめ行為を止めることは多くはなく，また難しいことである。それは，仲裁に入ることで，今度は仲裁者自身が被害者となってしまう可能性があるからである。そのため，ハルカさんも自ら止めに入らずに，スクールカウンセラーに相談し，また自分が相談したことは内緒にしてほしいと強く求めたのである。

　このように，いじめには被害者，加害者，観衆，傍観者・仲裁者という４層構造になっており，その関係性のなかで，いじめ行為が維持したりエスカレートしたり，また抑制されたりする。また，近年，このような構造とは別の構造として，**スクール・カースト**（学級内階層）の存在が指摘されている。スクール・カーストとは，生徒間で共有されている学級内で形成されるグループ間における暗黙の地位（ステイタス）の序列（鈴木，2012）のことである。学級内では，いくつもの友人グループが形成される。本来，そこには序列（地位の差）はないはずである。しかし，友人の多さや恋人の有無，コミュニケーション能力の高さ，活発さ，笑いがとれる，スポーツ系の部活に所属しているなどの特性を有している者たちで形成されるグループは，学級内での発言力が強く，学級内の雰囲気を左右し，教師からも一目置かれる存在となるとされている。この地位の差は，一度形成されると覆すことが難しく，進級によるクラス替えが行われても，再構成されるとされている。

　スクール・カーストは森口（2007）ですでに指摘されており，鈴木（2012）で一般的にも認知されるようになっていった。そして，このスクール・カーストがいじめの要因・背景になっていることも指摘されている。一般的には，上位の者が下位の者を"イジる"ことが指摘され，それがいじめに発展するとされている。堀（2015）では，スクール・カーストを自己主張力，共感力，同調力の３次元で捉えており，自己主張力と同調力が強く，いじめられている者に対する共感力が低い者がいじめを行うと，いじめが遷延化すると指摘している。

　このように，いじめを理解するためには，いじめの４層構造やスクール・カーストなど，子どもの間の関係性を理解・把握することが必要なのである。

STEP2：守秘の希望への対応を考える

　先に述べたように，仲裁者は自身がいじめの対象となることを恐れ，直接仲裁に入ることはなく，また教師などに相談したのが自分であることも内緒にしてほしいと望むことが少なくない。また，いじめに限らず，「自分がここに来たことは内緒にしてほしい」「私が相談したことは，誰にも言わないでほしい」など，誰にも話さないように訴えることは，相談場面ではめずらしくない。では，このような希望に応え，「わかった。誰にも言わないよ」と約束すべきなのだろうか。

　事例では，スクールカウンセラーである田中さんは，一人で対処することが難しいため，担任の先生に伝えてよいか確認している。また，その際，教えてくれたのがハルカさんであることは言わないとしている。守秘の希望が出されたときに，考えるべきこととして，相談を受けた者が一人で対応したほうが相談者のためになるのか，それとも他の者とも情報共有・連携したほうが相談者のためになるのか，という点である。この点で考えると，いじめが疑われる状況について，週1回しか勤務していないスクールカウンセラーが対応することは困難であり，担任を含め，複数の教員が関わることが問題の解決につながると考えられる。そのため，この事例では，ハルカさんの守秘の希望よりも，担任への相談を優先する対応となったのである。

　次に考えるべきは，誰に何を伝えるかである。相談内容を他者に伝える場合，①誰に，②何を，③なぜ教えるか，を明確にし，相談者からの同意を得ることが必要である。そうすることで，相談者は，誰が自分の相談したことを知っているのかを把握することができ，またその理由も明らかにすることで，相談者の不安も低減することができる。この事例では，相談内容であるトモコさんに対するクラスメイトからの嫌がらせや無視については，担任に伝えるが，相談者がハルカさんであることは伝えないことが提案されている。ハルカさんがいじめの対象になることを恐れていることと，トモコさんへの嫌がらせなどに対応しなければならないことの両方を考慮すると，このような提案をし，承諾・同意を得ることが最善であったといえる。

STEP3：いじめに対する対応を考える

　クラスメイトによるトモコさんへの無視や仲間はずしについては，ハルカさんからの同意が得られたことで，スクールカウンセラーの田中さんから担任の石川先生に伝えられた。また，担任を通して「いじめの防止等の対策のための組織」にも情報が伝えられる必要がある。今回のトモコさんへの無視や仲間はずしがいじめであるかどうかは明らかではないが，まずは学校内での情報共有がなされなければならない。では，今後，どのような対応が求められるであろう。

　まず，無視や仲間はずしを受けているとされているトモコさんに対する対応が求められる。ただし，この事例では，まだトモコさん自身から訴えがあったわけではない。クラスメイトとの一時的なやりとりをハルカさんが過剰に捉えた可能性もないわけではないため，事実関係の確認が必要となる。具体的には，担任や他の教員，スクールカウンセラーなどが休み時間などに，トモコさんが実際に無視や仲間はずしを受けているかどうかを観察する。また教科担任の教師などから学級の様子について情報を収集することも重要である。いじめ防止対策推進法でも推奨されている調査（アンケート）を実施することで，ハルカさん以外からの情報も得られるかもしれない。これらを通して，ハルカさんから得た情報について事実確認をしていくことになる。一方，トモコさんやクラスメイトに直接事情を聴くことは，無視や仲間はずしなどの事実が確認されておらず，またトモコさん自身からの訴えもない状況では，避けるべきである。

　この事例で対応が難しいのは，トモコさんに対して行われている行為が，無視や仲間はずしであるという点である。身体的な暴力や悪口・暴言，物を隠す・壊すなどであれば，事実確認も比較的容易であり，またやめるように指導することは難しくない。しかし，今回の事例は無視や仲間はずしである。無視や仲間はずし，周囲に悪い噂を流すなど，対象となった者を孤立させるいじめを，**関係性いじめ**と呼ぶ。この関係性いじめは，事実確認やその後の対応・指導が難しいいじめの形態であるといえる。同じ学級で過ごしていても，親しい友人関係でなければ，一日話さずに過ごすこともめずらしくなく，このような状況と無視は客観的

に区別することは難しい。また，「殴るな」と指導することはできるが，「無視するな」「仲間はずしするな」と指導することは困難である。無視や仲間はずしをしないということは，無理して話をさせることになり，それは根本的な解決につながらないためである。もちろん，トモコさんが話しかけているのに相手にしないなどの状況が把握できればよいが，実際にはなかなか簡単に把握できるものでもない。

　そのため，関係性いじめに対しては，やめさせるなどの直接的な対応よりも，学級全体の雰囲気や関係性の改善を目指す対応が望ましい。もちろん，「いじめはどんな理由であっても認められない」という強い態度をもち，その態度を伝えることは基本である。また，いじめをしている加害者だけでなく，それをはやし立てている観衆や見て見ぬふりをしている傍観者も，加害者と同様認められるものではないということを，生徒にしっかりと示すことも必要である。先にも述べたように，観衆や傍観者は，自分がいじめに加担している，いじめの促進要因となっていることを自覚していない場合がある。そのため，学級全体あるいは学校全体として，いじめのない学級や学校をつくっていくという強いメッセージを発することは重要なことである。

　学級全体の雰囲気や関係性の改善のためには，**構成的グループエンカウンター**やソーシャル・スキルズ・トレーニング (SST)，ストレスマネジメントなど，生徒の心理面・対人面に働きかける取り組みが考えられる。これは担任など教師が実施することもあるが，スクールカウンセラーに依頼し，実施してもらうこともできる。また，グループ活動やディスカッションなどを通して，クラスメイト間でのコミュニケーションを活発にするような働きかけも重要である。体育祭や文化祭，修学旅行などの行事の企画・準備などを通して，このような働きかけをさらに高めていくことも可能である。このような活動などを通して，トモコさんの居場所となり得る友人グループができることが望ましい。また，そのなかでスクールカウンセラーや養護教諭などとの関係をつくり，トモコさんの援助資源を増やしていくことも重要である。

　もちろん，トモコさんからいじめ被害に関する直接的な訴えがあった場合や，ハルカさんなど他のクラスメイトから同様の状況が続いている

との相談があった場合には，より具体的・個別的な対応が必要となってくる。トモコさんに対しては，事実確認とともに心のケアが必要となる。これは担任教師だけでなく，養護教諭やスクールカウンセラーが対応したほうがよい場合がある。状況によっては，保護者等とも情報共有・連携をすることが求められる。別室での対応を行う場合は，担任以外の教員の協力も求めなければならない。

　また，無視や仲間はずしを続ける一部のクラスメイトについては，そのような行為をやめること，不必要にトモコさんに関わらないことなどについて指導しなければならない。ただし，頭ごなしに叱ったりすることにはそれほど効果がなく，その場で「ごめんなさい。もうしません」と（無理やり）言わせることにも意味はない。無視などの行動がなぜよくないのか，またなぜそのような行動をしてしまったのか，生徒自身が内省的に考えられるように，丁寧に話し合う時間をもつことが求められる。さらに，加害者のほうにも，何らかの困難・問題が生じている可能性があり，その困難・問題を抱えきれなくなったことが，トモコさんに対するいじめにつながったとも考えられる。その場合，いじめ行為そのものをやめさせても，非行や喫煙，不登校など別な形の問題行動が生じるだけである。加害者も「何らかの困難・問題を抱え，それに耐えられなかった被害者」であるという視点で対応することは，加害者支援として重要

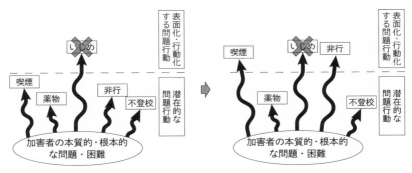

図 3-5　加害者の問題・困難と表面化する問題行動

本質的・根本的な問題・困難を解決しないまま，表面化している問題だけを抑制しても，他の問題行動が表面化するだけである。

である（図3-5）。このような対応については，教師よりもスクールカウンセラーのほうが適している。

　他のクラスメイトについては，観衆や傍観者もいじめに加担していることを伝えたにもかかわらず，そのような状況が継続していたことを改めて伝え，自分たちに何ができたかを考えるための指導が必要となる。いじめが起こりにくい環境とは，仲裁者が多い環境である。仲裁者が1人では，自分がいじめられるかもしれないという不安や恐れがあり，実際に仲裁に入ることは難しい。しかし，これが2人，3人と増えていくことで，いじめの抑止力は高まっていく。いじめのない環境は，誰にとっても望むべき環境のひとつである。一人ひとりが仲裁者となることで，それが実現できることを改めて伝えていくことは，担任教師の役割のひとつとなっていく。

事 例

　中学1年生のエミの母親が，エミがいじめを受けていると訴えてきた。同じ小学校出身で，学級が一緒のリリカが中学校に入ってからエミを無視したり，他のクラスメイトから嘲笑されたりしているという。また，教科書やノートに落書きをされたり，LINEで悪口を送られたりもしている。担任の黒沢先生がリリカに事実関係を確認したところ，行為の事実を認め，二度とやらないと約束した。しかし，数週間後には再び無視や嘲笑，LINEでの悪口などが起こるようになった。その後，エミは登校できなくなったため，エミの母親が学校に徹底した調査とリリカへの処分を含めた指導を求めてきた。

　事態を重くみた校長は，学年主任の今井先生をコーディネーターとして，担任の黒沢先生，教育相談担当の岩田先生，養護教諭の田山先生，スクールカウンセラーの内藤さんの5名によるチームを構成し，リリカへの今後の指導について検討するように命じた。

🧠 考えてみよう！

　子どもがいじめを行う理由や要因・背景にはどのようなものがあるでしょう。いじめに関する書籍や論文を読み，子どもがなぜいじめを行うのか考えてみましょう。

💬 話し合ってみよう！

　「いじめ」と「からかい」や「イジリ」「犯罪」の違いはどこにあるでしょう。どのような観点や基準で分けられるのか，行為者（いじめる側）と被行為者（いじめられる側）で観点や基準は異なるのか，これまでの自身の経験（いじめた経験，いじめられた経験，いじめを見てきた経験など）も含めて，それぞれの「いじめ観」について話し合ってみましょう。

🏃 ロールプレイをしてみよう！

　①担任の黒沢先生，②教育相談担当の岩田先生，③養護教諭の田山先生，④スクールカウンセラーの内藤さん，はそれぞれの立場からリリカにどのように関わることができるでしょうか。リリカへの今後の指導のあり方について，共通の目標とそれぞれの立場にあった関わり方を検討する場という設定の下，ロールプレイをしてみましょう。

いじめ？　犯罪？

　いじめというと，殴る・蹴るなどの身体的な暴力，物品を壊したり，金品を奪ったりする行為，悪口や暴言，インターネット上での誹謗中傷などの言語的な暴力などが思い当たるのではないだろうか。これらが学校のなかで生じると「いじめ」と呼ばれるが，学校の外で行われた場合は，それぞれ暴行や器物損壊，窃盗，占有離脱物横領，強要，名誉棄損など，いずれも犯罪行為となる。犯罪行為の場合は，逮捕・拘留され，未成年であれば家庭裁判所に送致され，少年院への入院や児童福祉施設での保護的措置などがとられる。成人であれば，禁錮や懲役，罰金などの刑罰が科される。

　しかし，実際にいじめによって逮捕されたり，少年院等に送致されたりすることはほとんどない。警察庁生活安全局少年課『令和元年中における少年の補導及び保護の概況』によると，令和元年中にいじめによる事件は192件，いじめによって検挙・補導された児童・生徒は266人であった。本章で紹介したように，認知されたいじめの件数が約48万件であったことから，いじめの認知件数のうち，事件として扱われるものはわずか0.04％しかないのである。また，文部科学省「令和元年度版　児童生徒の問題行動・不登校等生徒指導上の諸課題に関する調査」をみると，いじめにより警察に補導された者は小学校・中学校・高等学校あわせて254人，家庭裁判所の保護的措置を受けたのは64人，少年院への入院は5人，保護観察は18人，児童自立支援施設への入所は20人となっており，少年刑務所への入所は0人であった。このように，いじめの認知件数が年々増加しているにもかかわらず，教育・学校現場では「いじめ」を「犯罪」ではなく「いじめ」という何か別のもののように扱い，被害児童生徒への謝罪や個別の指導，加害児童生徒への保護者に報告し，保護者に対応を任せるなど，行為の内容や結果，その影響などとは必ずしも釣り合っていない対応で終えている場合が多いのである。

　佐々木充郭原作の小説『スクールポリス』は，学校内警察の活躍を描いた小説であり，この作品を原作としたドラマ『青のSP―学校内警察・嶋田隆平―』（藤原竜也主演，カンテレ・フジテレビ系）では，スクールポリスが生徒を逮捕するシーンが多数みられた。この小説やドラマはフィクションであり，現在，日本では，学校内警察制度はとられていない。しかし，韓国やアメリカなどでは各学校に警察官が配置され，校内で起こる犯罪行為に対応している。もし日本にも学校内警察が配置されていれば，いじめが深刻化する前に，逮捕・補導という刑事的な措置がとられ，被害が小さくて済むかもしれない。

　日本に学校内警察を配置すべきかどうかは，さらなる議論が必要となるが，その間にも，「いじめ」という名の犯罪行為に苦しみ，死を選ぶ子どもが出てくることは想像に難くない。少なくとも，現状では，いじめという名で行っている犯罪行為が法的にはどのように位置づけられているのか，逮捕されたのちにそのように処遇されるのかを伝えることが必要であろう。また，警察と連携・協力し，必要に応じて子どもや保護者，教職員などが警察に相談できるような体制をつくることが，いじめ対策において必要となっているのではないだろうか。

　不登校はいじめと並んで，学校における教育問題のひとつである。一方，自殺のような悲惨な結果に至ることもあるいじめに比べ，不登校は世間からみてわかりにくく，その要因が怠けなど本人のパーソナリティと関連づけられやすい。そのため，不登校に対する制度設計・支援は十分には進んでいなかった。そのようななか，2016 (平成28) 年に「義務教育の段階における普通教育に相当する教育の機会の確保等に関する法律」(以下，「教育機会確保法」) が制定され，翌年施行された。不登校支援に向けた一歩ではあるが，まだ道半ばであることは否めない。

　本章では，教育機会確保法の概要について説明するとともに，あわせて出された文部科学省「不登校児童生徒への支援の在り方について (通知)」(2019a) についても説明する。また第3章同様，文部科学省「児童生徒の問題行動・不登校等生徒指導上の諸課題に関する調査結果について」(2020) をもとに，不登校の現状について把握していきたい。

1. 教育機会確保法

(1) 不登校の定義

　少子化が進んでいるなか，不登校児童生徒数は増加傾向にある。不登校であったとしても，児童生徒には教育を受ける権利があり，その

権利を保障するために制定・施行されたのが教育機会確保法である。

教育機会確保法第2条第三号では，不登校児童生徒を，以下のように定義している。

> 相当の期間学校を欠席する児童生徒であって，学校における集団の生活に関する心理的な負担その他の事由のために就学が困難である状況として文部科学大臣が定める状況にあると認められるもの（教育機会確保法　第2条第三号）

しかし，一般的には，のちに扱う文部科学省「児童生徒の問題行動・不登校等生徒指導上の諸課題に関する調査」における定義が用いられている。

> 年度間に連続又は断続して30日以上欠席した児童生徒のうち，不登校を理由とする者について調査。不登校とは，何らかの心理的，情緒的，身体的，あるいは社会的要因・背景により，児童生徒が登校しないあるいはしたくともできない状況にある者（ただし，病気や経済的理由によるものを除く。）
> （児童生徒の問題行動・不登校等生徒指導上の諸課題に関する調査）

日本の小・中学校の7〜8割は年間登校日数を196〜205日に設定している。これは週換算では29週程度となり，毎週1日ずつ休み続けると，最終的には「不登校」の基準に達することになる。

不登校の理由については「何らかの心理的，情緒的，身体的，あるいは社会的要因・背景」と，広く捉えられており，いじめや非行などもこれらに含まれると解されている。国公立の学校であれば，経済的理由で学校に行くことができないことは想定しにくいため，病気療養などの理由以外で，一定程度欠席すれば，不登校にあてはまると考えられる。

（2）基本理念と国・地方公共団体の責務

教育機会確保法第3条では，以下の5つの事項を基本理念として，教育機会の確保等に関する施策を行わなければならないとしている。

> 一　全ての児童生徒が豊かな学校生活を送り，安心して教育を受けられるよう，学校における環境の確保が図られるようにすること。
> 二　不登校児童生徒が行う多様な学習活動の実情を踏まえ，個々の不登校

　三　不登校児童生徒が安心して教育を十分に受けられるよう，学校におけ
　　　る環境の整備が図られるようにすること。
　四　義務教育の段階における普通教育に相当する教育を十分に受けていな
　　　い者の意思を十分に尊重しつつ，その年齢又は国籍その他の置かれて
　　　いる事情にかかわりなく，その能力に応じた教育を受ける機会が確保
　　　されるようにするとともに，その者が，その教育を通じて，社会にお
　　　いて自立的に生きる基礎を培い，豊かな人生を送ることができるよう，
　　　その教育水準の維持向上が図られるようにすること。
　五　国，地方公共団体，教育機会の確保等に関する活動を行う民間の団体
　　　その他の関係者の相互の密接な連携の下に行われるようにすること。

（教育機会確保法　第3条）

　そして，第4条では，国がこれら基本理念にのっとり教育機会の確
保等に関する施策を総合的に策定し，実施する責務があることを規定
し，第5条では地方公共団体について，国と協力しながら，当該地域
の状況に応じた施策を策定し，実施する責務があることを定めている。
　さらに，基本理念（第3条）の第一号については，第8条において，
以下の3点について支援するために必要な措置を講ずるよう努めるも
のとすると規定している。

①児童生徒と学校の教職員との信頼関係及び児童生徒相互の良好な関係
　の構築を図るための取組
②児童生徒の置かれている環境その他の事情及びその意思を把握するた
　めの取組
③学校生活上の困難を有する個々の児童生徒の状況に応じた支援その他
　の学校における取組

　第3条第二号については，第10条において，不登校児童生徒の実態
に配慮して特別に編成された教育課程に基づく教育を行う学校の整備，
および当該教育を行う学校における教育の充実のために必要な措置を
講ずるよう努めるものとする，としている。
　第3条第三号については，第11条において，不登校児童生徒の学習
活動に対する支援を行う公立の教育施設の整備，および当該支援を行
う公立の教育施設における教育の充実のために必要な措置を講ずるよ

う努めるものとする，としている。

　第3条第五号に関わるものとしては，第9条において，不登校児童生徒に対する適切な支援が組織的かつ継続的に行われることとなるよう，不登校児童生徒の状況および不登校児童生徒に対する支援の状況に係る情報を学校の教職員，心理，福祉等に関する専門的知識を有する者その他の関係者間で共有することを促進するために必要な措置その他の措置を講ずるものとするとされており，学校以外の場での活動については，第12条で，不登校児童生徒が学校以外の場において行う学習活動の状況，不登校児童生徒の心身の状況その他の不登校児童生徒の状況を継続的に把握するために必要な措置を講ずるものとするとされている。さらに，第13条では，不登校児童生徒が学校以外の場において行う多様で適切な学習活動の重要性に鑑み，個々の不登校児童生徒の休養の必要性を踏まえ，当該不登校児童生徒の状況に応じた学習活動が行われることとなるよう，当該不登校児童生徒およびその保護者に対する必要な情報の提供，助言その他の支援を行うために必要な措置を講ずるものとするとされている。

　なお，第3条第四号については，不登校児童生徒についてというよりは，外国籍の子や戦後の混乱期などで義務教育を受けられなかった者を想定した理念となっている。特に学齢期を経過した者で教育の機会の提供を希望する者に対しては，夜間学校など特別な時間に授業を行う学校において就学の機会を提供することが求められている（第14条）。

2. 不登校児童生徒への支援の在り方について （通知）

　教育機会確保法は2017（平成29）年に施行された比較的新しい法律である。しかし，不登校については，怠学や学校恐怖症，登校拒否など，その状態を表す用語や意味する内容の変遷はあるものの，以前から教育問題のひとつとなっていた。そのため，教育機会確保法が施行される前には，不登校に対して次のような通知が出されている。

- ●「登校拒否問題への対応について」
  （1992 年 9 月 24 日付け文部省初等中等教育局長通知）
- ●「不登校への対応の在り方について」
  （2003 年 5 月 16 日付け文部科学省初等中等教育局長通知）
- ●「不登校児童生徒が自宅においてIT等を活用した学習活動を行った場合の指導要録上の出欠の取扱い等について」
  （2005 年 7 月 6 日付け文部科学省初等中等教育局長通知）
- ●「不登校児童生徒への支援の在り方について」
  （2016 年 9 月 14 日付け文部科学省初等中等教育局長通知）

　また，2017（平成29）年 3 月 31 日には教育機会確保法の規定にのっとり「義務教育の段階における普通教育に相当する教育の機会の確保等に関する基本指針」が定められている。

　このようななか，2019（平成31）年 10 月 25 日に，これまでの通知を廃止して，新たに「不登校児童生徒への支援の在り方について（通知）」（文部科学省，2019a）が文部科学省初等中等教育局長から出されている（以下，「本通知」）。以下では，この通知に基づいて，不登校児童生徒に対する具体的な支援について説明していく。

（1）不登校児童生徒への支援に対する基本的な考え方

　不登校児童生徒への支援というと，「学校復帰」「学級復帰」が目標とされる場合が多い。しかし，「本通知」では，不登校支援の目的について，以下のように指摘している。

> 不登校児童生徒への支援は，「学校に登校する」という結果のみを目標にするのではなく，児童生徒が自らの進路を主体的に捉えて，社会的に自立することを目指す必要がある（不登校児童生徒への支援の在り方について（通知））

　また，不登校の時期には，休養や自分を見つめ直すなどの積極的な意味をもつことがある一方，学業の遅れや進路選択上の不利益，社会的自立へのリスクが存在することも示している。

　不登校児童生徒に対して学校は，児童生徒が不登校となった要因の把握，学校関係者や家庭，必要に応じて関係機関との情報共有，組織的・計画的で個々の児童生徒に応じたきめ細かな支援策の策定，社会

的自立に向けて進路の選択肢を広げることなどが，支援内容としてあげられている。また，児童生徒の才能や能力に応じて，本人の希望を尊重したうえで，教育支援センター，不登校特例校^{メモ}，ICTを活用した学習支援，フリースクール，中学校夜間学級での受け入れなど，さまざまな関係機関等を活用し社会的自立への支援を行うことも求められている。

> **✎メモ**
>
> **不登校特例校**
>
> 文部科学大臣の指定を受けて，不登校児童生徒の実態に配慮した特別の教育課程を編成して教育を実施する学校のことである。2021年4月時点で，公立学校8校，私立学校9校が指定されている。

（2）学校等の取り組みの充実

1)「児童生徒理解・支援シート」を活用した組織的・計画的支援

　不登校児童生徒への支援を効果的に行うためには，学校や家庭，教育支援センターなどの関係機関が連携して，組織的・計画的に行うことが重要である。その際には，不登校児童生徒が不登校になったきっかけや不登校を継続している理由，家庭での様子やこれまで受けてきた支援などについて情報を共有することが求められる。

　表4-1は，「本通知」に別添されている「**児童生徒理解・支援シート**」（共通シート）である。「児童生徒理解・支援シート」は「共通シート」のほかに，「学年別Aシート」「学年別Bシート」「協議シート」で構成されている。具体的な作成方法などについては「児童生徒理解・支援シートの作成と活用について」という資料で示されている。「児童生徒理解・支援シート」は，支援の必要な児童生徒一人ひとりの状況を的確に把握するとともに，当該児童生徒の置かれた状況を関係機関で情報共有し，組織的・計画的に支援を行うことを目的としているものであり，不登校児童生徒に限らず，障害のある児童生徒や外国籍の児童生徒など，支援が必要と考えられる児童生徒について作成・活用されるものである。学級担任，対象分野の担当教員，養護教諭等の教員や，スクールカウンセラー，スクールソーシャルワーカー等を中心に，家庭，地域および医療や福祉，保健，労働等の関係機関との連携を図り，学校が組織的にシートを作成していく。このようなシートを作成することで，情報共有だけでなく，小・中・高等学校間や転校先等との引き継ぎをスムーズに行うことができる。また，支援の進捗にあわせて

表4-1　児童生徒理解・支援シート（共通シート）

児童生徒理解・支援シート（共通シート）

作成日：令和　　年　　月　　日　　　　　　　　※の事項は障害のある児童生徒，外国人児童生徒等で必要な場合に記入
作成者　Ｒ○（記入者名）　　　追記者　Ｒ○（記入者名）／Ｒ○（記入者名）／…

（児童生徒）　名　　前 （よみがな）		性別	生年月日 令和 　　　年　　月　　日		国籍等（※）	出生地（※）

（保護者等）　名　　前 （よみがな）		続柄（※）	学校受入年月日 令和 　　　年　　月　　日	連絡先

○学年別欠席日数等　　　追記日　○/○

年度													
学年	小1	小2	小3	小4	小5	小6	中1	中2	中3	高1	高2	高3	高4
出席しなければならない日数													
出席日数													
別室登校													
遅刻													
早退													
欠席日数													
指導要録上の出席扱い													
① 教育支援センター													
② 教育委員会所管の機関（①を除く。）													
③ 児童相談所・福祉事務所													
④ 保健所,精神保健福祉センター													
⑤ 病院, 診療所													
⑥ 民間団体, 民間施設													
⑦ その他の機関等													
⑧ IT 等の活用													

○支援を継続する上での基本的な情報

特記事項(本人の強み,アセスメントの情報,家庭での様子,障害の種類・程度・診断名・障害者手帳の種類・交付年月日(※),学習歴(※),日本語力(※)等)

○家族関係

特記事項（生育歴, 本人を取り巻く状況（家族の状況も含む。）, 作成日以降の変化, 家族構成（※）, 家庭内使用言語（※）等）

○備考欄

注）「平成（H）」は「令和（R）」に修正した。

シートを見直すことにより，支援の効果を確認したり，今後の支援の方針について検討したりすることができるようになる。

2) 不登校児童生徒に対する効果的な支援の充実

不登校児童生徒に対する効果的な支援を行うためには，校長のリーダーシップの下，教員やさまざまな専門スタッフが連携協力し，組織的な支援体制を整えることが求められる。そのなかには，不登校支援において中心的かつコーディネーター的な役割を果たす教員を明確に位置づけることも必要である。

不登校児童生徒に対する効果的な支援には，アセスメントが不可欠である。学級担任の視点だけではなく，スクールカウンセラーやスクールソーシャルワーカーなどによるアセスメントも有効である。そのためにも，普段からスクールカウンセラー，スクールソーシャルワーカーとの連携協力を図ることは重要である。そのようなアセスメントに基づいて支援計画を立案し，学校，保護者，専門スタッフ，関係機関などが情報共有し，組織的・計画的に支援していくことが求められる。

実際の支援においては，学校が家庭訪問を実施することもある。実施の際には，常にその意図・目的，方法，成果を検証し，適切な家庭訪問を行う必要がある。家庭訪問を通して，子どもの安否や様子を把握するとともに，学習状況の把握をすることも求められる。特に不登校児童生徒が教育支援センターや民間施設等の学校外施設において指導を受けている場合には，その児童生徒が在籍している学校が学習状況を把握することが，学習支援や進路指導を行ううえで重要である。また，学校外施設での学習計画や内容が在籍する学校の教育課程に照らして適切と判断される場合には，その学習の評価を適切に行い指導要録に記入したり，その評価の結果を通知表などの方法で子ども本人や保護者，利用している施設に伝えることが求められている。それにより，児童生徒の学習意欲を高め，自立を支援することにもつながると考えられている。なお，学校外施設における学習の指導要録上の取り扱いなどについては，本通知別記の「義務教育段階の不登校児童生徒が学校外の公的機関や民間施設において相談・指導を受けている場

合の指導要録上の出欠の取扱いについて」に詳細が記載されている。

　不登校児童生徒が登校してきた場合は，温かい雰囲気で迎えられるように配慮するとともに，保健室や相談室，学校図書館・図書室などを活用して，徐々に学校生活への適応を図っていけるような指導上の工夫が必要である。

（3）教育委員会の取り組みの充実

　教育委員会には，学校等の不登校への取り組みに関する意識を高めるとともに，学校と家庭，関係機関等が効果的に連携を図ることや，不登校児童生徒に対する早期支援を図るための体制確立の支援などが求められている。

　また，学校等の取り組みを支援するための教育条件の整備も求められており，具体的には，次の6点があげられている。

1. 教員の資質向上
2. きめ細かな指導のための適切な人的配置
3. 保健室，相談室，学校図書館等の整備
4. 転校のための柔軟な措置
5. 義務教育学校設置等による学校段階間の接続の改善
6. アセスメント実施のための体制づくり

　〈1. 教員の資質向上〉では，研修の体系化とその内容（プログラム）のいっそうの充実とともに，カウンセリングなどの専門的な能力の育成，スクールカウンセラーやスクールソーシャルワーカー等の専門家と連動した学校教育へのさらなる理解を図るための研修も重要とされている。〈2. きめ細かな指導のための適切な人的配置〉として，適切な教員配置や異校種間の人事交流や兼務，教員の加配など，効果的かつ計画的な人的配置に努めることとされ，そのような措置を行ったあとも，それらの措置が効果的に活用されているかなどについて検証することが求められている。

　また学校とは異なる居場所として，教育支援センターの整備充実と活用についても示されている。教育支援センターは通所希望者に対する支援だけでなく，通所を希望しない者への訪問型支援や，コンサル

テーションの担当，無償の学習機会の確保など，不登校児童生徒への支援の中核となることが期待されている。

　そのほかに，訪問型支援など保護者への支援の充実，民間施設との連携協力のための情報収集・提供等も，教育委員会には求められている。

3. 不登校の現状

　不登校はいじめと並んで，長年の教育課題となっているが，2017 (平成29) 年に教育機会確保法が施行されたことをきっかけに，不登校支援が本格化してきたように思われる。では，実際に不登校児童生徒数は変化したのであろうか。

　ここでは，いじめの現状 (第3章3節) でも用いた文部科学省「児童生徒の問題行動・不登校等生徒指導上の諸課題に関する調査結果について」令和元年度版 (2020年10月22日付) における不登校に関する調査結果を紹介していく。その際，いじめのデータとの関連も考慮し，経年的変化については2013 (平成25) 年度以降のものを扱うこととする。

(1) 不登校児童生徒数の推移

　2013 (平成25) 年度以降の小学校・中学校における不登校児童生徒数

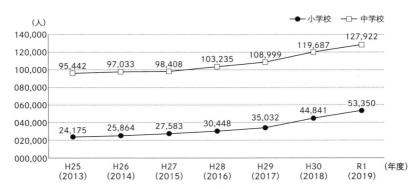

図4-1　学校種ごとの不登校児童生徒数の推移(文部科学省，2020)

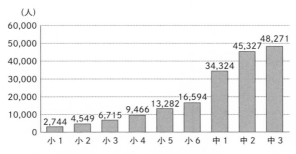

（人）

図 4-2　学年ごとの不登校児童生徒数（文部科学省, 2020）

の推移（図 4-1）をみると，小学校で約 2.2 倍，中学校で約 1.3 倍に増加している。教育機会確保法が施行された 2017（平成 29）年度以降も増え，2019（令和元）年度はこれまでの調査で，小学校・中学校いずれも最多となっている。2019（令和元）年度の不登校児童生徒数の 1,000 人当たりの割合は小学校で約 8.3 人，中学校で約 39.4 人となり，中学校では 1 学級に 1 人は不登校状態になっているといえる。

　また，学年ごとの不登校児童生徒数（図 4-2）をみると，小学 1 年生から徐々に増加しており，小学校では 6 年生が最も多くなっている。そして，6 年生と中学 1 年生との間で約 18,000 人増と大幅に上昇し，中学校でも増加し続けている。これは，学年が上がるごとに減少していくいじめとは反対の傾向を示しているといえる。

（2）不登校の要因

　この調査では不登校の要因を，〈学校に係る状況〉〈家庭に係る状況〉〈本人に係る状況〉〈その他（左記に該当なし）〉に分け，さらにそれぞれに細かく項目を立てて尋ねている。また，要因の位置づけも〈主たる要因〉と〈主たるもの以外にも当てはまるもの〉に分けて尋ねている。

　表 4-2 をみると，小学校の主たるものとしては〈無気力・不安〉が最も多く，次いで〈親子の関わり〉〈生活リズムの乱れ・あそび・非行〉が続いていた。中学校でも〈無気力・不安〉が最も多く，次いで〈いじめを除く友人関係をめぐる問題〉〈生活リズムの乱れ・あそび・

表 4-2　　不登校の要因（文部科学省, 2020 より作成）

		小学校		中学校	
		主たるもの	主たるもの以外にも当てはまるもの	主たるもの	主たるもの以外にも当てはまるもの
学校に係る状況	いじめ	223 (0.4%)	140 (0.3%)	330 (0.3%)	255 (0.2%)
	いじめを除く友人関係をめぐる問題	5,430 (10.2%)	2,954 (5.5%)	21,975 (17.2%)	7,511 (5.9%)
	教職員との関係をめぐる問題	1,297 (2.4%)	1,100 (2.1%)	1,555 (1.2%)	1,406 (1.1%)
	学業の不振	2,301 (4.3%)	4,739 (8.9%)	10,830 (8.5%)	12,270 (9.6%)
	進路に係る不安	175 (0.3%)	289 (0.5%)	1,606 (1.3%)	2,777 (2.2%)
	クラブ活動・部活動等への不適応	32 (0.1%)	51 (0.1%)	1,183 (0.9%)	1,557 (1.2%)
	学校のきまり等をめぐる問題	596 (1.1%)	683 (1.3%)	1,462 (1.1%)	1,691 (1.3%)
	入学・転編入学・進級時の不適応	1,139 (2.1%)	813 (1.5%)	4,988 (3.9%)	2,605 (1.3%)
家庭に係る状況	家庭の生活環境の急激な変化	1,939 (3.6%)	1,305 (2.4%)	3,696 (2.9%)	2,164 (1.7%)
	親子の関わり方	8,898 (16.7%)	8,117 (15.2%)	9,555 (7.5%)	10,031 (7.8%)
	家庭内の不和	921 (1.7%)	1,121 (2.1%)	2,424 (1.9%)	2,259 (1.8%)
本人に係る状況	生活リズムの乱れ・あそび・非行	5,488 (10.3%)	5,221 (9.8%)	10,953 (8.6%)	6,793 (5.3%)
	無気力・不安	21,927 (41.1%)	6,819 (12.8%)	50,471 (39.5%)	12,857 (10.1%)
上記に該当なし		2,974 (5.6%)		6,894 (5.4%)	

注)　「主たるもの」について上位3つのものを網掛けした。

非行〉が続いていた。概して〈本人に係る状況〉が多く，〈学校に係る状況〉は少なくなっている。ただし，この調査は各学校が回答しているものであり，不登校児童生徒本人が回答しているわけではないことは考慮してみる必要がある。

（3）不登校児童生徒の相談・指導等とその結果

　表4-3は，学校外機関等や，養護教諭，スクールカウンセラーなど

表 4-3　学校内外の機関等で相談・指導等を受けた不登校児童生徒数
（文部科学省, 2020）

		小学校	中学校
学校外	① 教育支援センター（適応指導教室）	5,550 （10.4%）	16,145 （12.6%）
	② 教育委員会及び教育センター等教育委員会所管の機関（①を除く）	6,226 （11.7%）	7,801 （6.1%）
	③ 児童相談所，福祉事務所	3,207 （6.0%）	5,523 （4.3%）
	④ 保健所，精神保健福祉センター	427 （0.8%）	581 （0.5%）
	⑤ 病院，診療所	8,021 （15.0%）	13,878 （10.8%）
	⑥ 民間団体，民間施設	2,357 （4.4%）	3,971 （3.1%）
	⑦ 上記以外の機関	1,389 （2.6%）	2,140 （1.7%）
学校内	⑧ 養護教諭による専門的な指導	11,613 （21.8%）	24,347 （19.0%）
	⑨ スクールカウンセラー，相談員等による専門的な相談	21,652 （40.6%）	45,490 （35.6%）
①～⑨による相談・指導等を受けていない		13,133 （24.6%）	40,460 （31.6%）

注）　％は不登校児童生徒数（小学校：53,350 人，中学校：127,922 人）から算出。

の学校内の教職員等に相談したり指導等を受けたりした不登校児童生徒数である。学校外では，教育支援センター（適応指導教室）（表内①）や教育委員会所管の機関（表内②），病院，診療所（表内⑤）などが多いが，小学校・中学校のいずれにおいても，それらで相談・指導等を受けた児童生徒は不登校児童生徒全体の 10〜15% 程度である。後述するが，教育支援センター（適応指導教室）（表内①）は不登校児童生徒等に対する指導を行う教育委員会等が設置する公的な施設である。しかし，教育支援センター（適応指導教室）での指導等を受けた不登校児童生徒は全体の10%程度である。また，病院，診療所（表内⑤）については，不登校のために通院したとは限らない。

　また，学校内では，養護教諭による専門的な指導（表内⑧）を受けた者が 20% 程度，スクールカウンセラーなどの専門的な相談（表内⑨）を行った者が 40% 程度いたことがわかる。一方，学校内外の機関等でまったく相談・指導等を受けていない者が，小学生で 24.6%，中学生で 31.6% いる。この質問には，担任教師など教師との関わりや相談・指導等の有無については尋ねていないため，相談・指導等を受けていない不登校児童生徒が，教師も含めて誰とも関わっていないのかまで

表 4-4　不登校児童生徒への指導の結果 (文部科学省, 2020)

	小学校	中学校
指導の結果登校する又はできるようになった児童生徒	12,153 (22.8%)	29,192 (22.8%)
指導中の児童生徒	41,197 (77.2%)	98,730 (77.2%)
うち継続した登校には至らないものの好ましい変化が見られるようになった児童生徒	12,374 (23.2%)	29,775 (23.3%)

は明らかではないが，少なくとも専門的な機関等につながることができていない児童生徒が一定数いることは，重大な問題であるといえる。

　指導等の結果については，表4-4 にまとめられている。登校する／できるようになった児童生徒は小・中学校のいずれも 22.8% であり，登校に至らないが好ましい変化がみられるようになった児童生徒は23%程度であった。つまり，50% 強の児童生徒は，登校に至らず，好ましい変化もみられていないといえ，不登校支援の難しさを示すものとなっている。

4. 学校外での不登校支援施設・機関の状況

　これまでみてきたように，不登校児童生徒に対する支援は学校内だけではなく，学校外の施設・機関でも行われている。不登校児童生徒の支援として，特に取り上げられるのが，教育支援センター (適応指導教室) とフリースクールなどの民間団体・施設である。ここでは，文部科学省が行った調査結果をもとに，教育支援センター (適応指導教室) とフリースクールなどの民間団体・施設の状況について確認していきたい。

(1) 教育支援センター (適応指導教室)

　教育支援センター (適応指導教室) (以下，教育支援センター) に関する調査としては，文部科学省から 2019 (令和元) 年5月に発表された「教育支援センター (適応指導教室) に関する実態調査」(2019b) 結果がある。教育支援センターに関する実態調査は 2015 (平成27) 年にも行われているが，

ここでは2019年の結果をみていくことにする。

なお，この調査における教育支援センターは，下記のように定義されている。

> 不登校児童生徒等に対する指導を行うために教育委員会及び首長部局（以下「教育委員会等」という。）が，教育センター等学校以外の場所や学校の余裕教室等において，学校生活への復帰を支援するため，児童生徒の在籍校と連携をとりつつ，個別カウンセリング，集団での指導，教科指導等を組織的，計画的に行う組織として設置したもの

また，教育支援センターが「学校生活への復帰を支援する」ことを目的としているものであることは，理解しておくべきである。

1) 教育支援センターの設置

調査対象となった都道府県・市町村等の教育委員会等1,818のうち，教育支援センターを設置しているのは1,142 (62.3%) であった。「2015年調査」では1,089であったため，4年間で53か所増えたことになる。未設置の676のうち，42は「設置予定」，33は「設置に向けた検討をしている」としている一方，353は「設置しない」としている。教育支援センターの設置については，法的な規定はないため，各教育委員会の判断によって，設置の有無が決定されている状況にある。

2) 教育支援センターの体制

教育支援センターの常勤職員として最も多いのは「教育職系職員」で493人 (44.6%)，次いで多いのが「退職教職員」で342名 (30.9%) であった (表4-5)。また非常勤でもこの両者が多く，非常勤のうち66.4%はこの両者で占められている。「心理系職員」は常勤が52人 (4.7%)，非常勤が590名 (12.0%)，「社会福祉系職員」は常勤が20人 (1.8%)，非常勤が101人 (2.1%) であり，心理や福祉の専門職が十分に配置されているとは言いがたい状況にある。

また，1施設当たりの平均職員数 (職員数を施設数で割った値) は，常勤が0.85人，非常勤が3.80人となっている。あくまで平均値であるため，教育支援センターによって異なるが，常勤職員がほとんどおらず，非

表 4-5　教育支援センターの職員（文部科学省, 2019b）

	常勤（%）	非常勤（%）
教育職系職員	493（44.6%）	1,148（23.3%）
退職教職員	342（30.9%）	2,119（43.1%）
行政職系職員	149（13.5%）	133（2.7%）
心理系職員	52（4.7%）	590（12.0%）
社会福祉系職員	20（1.8%）	101（2.1%）
医療関係者	0（0.0%）	11（0.2%）
学生ボランティア	5（0.5%）	310（6.3%）
学生以外のボランティア	5（0.5%）	182（3.7%）
その他	40（3.6%）	327（6.6%）
合計	1,106	4,921

常勤職員だけで運営されている教育支援センターがある状況がうかがわれる。

　職員が有している資格等で最も多いのは教員免許であり，何らかの資格を有している職員の約82%が教員免許を有していることになる。一方，「臨床心理士等の心理に関する専門的な資格」を有している常勤職員は70人（何らかの資格を有している常勤職員の7.0%），非常勤職員は583人（14.3%）であった。また，「社会福祉士，精神保健福祉士等の福祉に関する専門的な資格」を有している常勤職員は19人（1.9%），非常勤職員は101人（2.5%）であった。

3）教育支援センターに通う児童生徒

　教育支援センターに通っている児童生徒数は，小学生が4,011人（男子2,036人，女子1,975人），中学生が16,710人（男子7,446人，女子9,264人）であった。また，高校生が145人（男子63人，女子82人），中退者・その他が45人（男子25人，女子20人）通っている。教育支援センターに通う小・中学生の約90%は在籍校で指導要録上出席扱いの措置がとられている。

　教育支援センターに通っている児童生徒の傾向（表4-6）としては，「学校に行きたくても行けないタイプ（不安など情緒混乱）」や「人間関係によるタイプ（他の児童生徒との関係，教職員との関係，部活動など）」「学校に行

表 4-6　教育支援センターに通う児童生徒の傾向 <small>（文部科学省, 2019b）</small>

区分	回答数（%）
学校に行きたくても行けないタイプ（不安など情緒混乱）	1,206（17.5%）
学校に行きたくても行けないタイプ（学校のきまりをめぐる問題）	508（7.4%）
学校に行きたくないタイプ（家庭環境など）	882（12.8%）
人間関係によるタイプ（他の児童生徒との関係, 教職員との関係, 部活動など）	1,189（17.3%）
学校に行きたくないタイプ（遊び・非行）	290（4.2%）
保護者の意向や意図的な拒否型の児童生徒	501（7.3%）
学校に行きたくないタイプ（無気力）	911（13.2%）
特別支援学校, 特別支援学級に在籍する児童生徒	463（6.7%）
学校に行きたくないタイプ（学業不振）	880（12.8%）
いずれにも当てはまらない	55（0.8%）
回答総数	6,885

注）　当てはまるものをすべて選択。

きたくないタイプ（無気力）」などが多くみられている。

　教育支援センターに通っている児童生徒で学校に復帰した児童生徒は，小学生で 1,682 人 <small>(4,011 人の 41.9%)</small>，中学生で 5,799 人 <small>(16,710 人の 34.7%)</small> であった。学年別の復帰率では，小学 1・2 年生で 50% 程度であり，学年が上がるごとに低下し，小学 6 年生で 43.9% に上昇するが，中学 1 年生で低下し，徐々に上昇する傾向がみられる。

4）目標・活動内容

　教育支援センターの目標 <small>(表 4-7)</small> としては，「学校復帰」が最も多く，次いで「居場所の提供」「自信・自尊感情をもたせる」「社会的自立」が続いている。2015 <small>(平成 27)</small> 年の調査に比べて，「学校復帰」は 10% ほど減少したのに対して，「居場所の提供」や「社会的自立」は 10% ほど増加しており，不登校児童生徒に対する支援として「学校復帰」だけを目的としないという通知が出され，周知されるにつれて，教育支援センターの目標も変化していったと考えられる。

　教育支援センターの活動内容 <small>(表 4-8)</small> としては，「個別の学習支援」や「相談・カウンセリング <small>(子供からの相談対応)</small>」「相談・カウンセリング <small>(保護者からの相談対応)</small>」「スポーツ」などが行われている。また，「社会体

表 4-7　教育支援センターの目標 (文部科学省, 2019b)

区分	回答数（%）
社会的自立	542（41.9%）
協調性・社会性の獲得	255（19.7%）
学校復帰	890（68.7%）
自主性・自発性の育成	120（9.3%）
対人関係の改善	281（21.7%）
生活習慣の獲得	276（21.3%）
自信・自尊感情を持たせる	568（43.9%）
学力面の保護	270（20.8%）
居場所の提供	683（52.7%）
施設数	1,295

注）　重要と考えているものについて，主なものを3つ選択。

表 4-8　教育支援センターの活動内容 (文部科学省, 2019b)

区分	回答数（%）
個別の学習支援	1,243（96.0%）
授業形式（講義形式）による学習支援	337（26.0%）
社会体験（見学，職場体験など）	750（57.9%）
自然体験（自然観察，農業体験など）	822（63.5%）
調理体験（昼食づくりなど）	972（75.1%）
芸術活動（音楽，美術，工芸など）	856（66.1%）
スポーツ	1,067（82.4%）
宿泊体験	191（14.7%）
子供たちによるミーティング（行事の実行委員会等を含む）	315（24.3%）
学習成果，演奏や作品などの発表会	234（18.1%）
相談・カウンセリング（子供からの相談対応）	1,160（89.6%）
相談・カウンセリング（保護者からの相談対応）	1,175（90.7%）
家庭への訪問	464（35.8%）
その他特色ある活動（ボランティア活動（清掃等），交流体験活動（幼児，高齢者，他教室），乗馬，SST 等）	148（11.4%）
施設数	1,295

注）　当てはまるものをすべて選択。

験（見学，職場体験など）」や「自然体験（自然観察，農業体験など）」「調理体験（昼食づくりなど）」「芸術活動（音楽，美術，工芸など）」など，幅広い活動が行われている。

（2）フリースクールなど民間団体・施設

　フリースクールなどの民間団体・施設については，文部科学省が2015（平成27）年に行った「小・中学校に通っていない義務教育段階の子供が通う民間の団体・施設に関する調査」（以下，「2015年調査」）がある。この調査は，教育機会確保法制定にあたり，当初フリースクールなどに一定の教育カリキュラムを課すことで，在籍校での指導要録上の出席扱いにすることが計画されており，その一端として行われた。結果的に，フリースクールなどに一定の教育カリキュラムを課すことが困難であったため，この計画は実施されなかったが，文部科学省によるフリースクールに関する初めての全国調査として注目された。ここでは，この調査をもとに，フリースクールなど不登校児童生徒に対する支援等を行っている民間団体・施設についてみていく。なお，2019（令和元）年に文部科学省が教育委員会を対象に「民間の団体・施設との連携等に関する実態調査」（2020c；以下，「2019年調査」）を実施しており，適宜その結果も参照していく。

　ただし，これらの調査では，「民間団体・施設」について定義はされていない。「2015年調査」では，319件の団体・施設が回答している。また，「2019年調査」では，教育委員会が連携しているとした351件の団体・施設について教育委員会が回答している。

1）団体・施設の形態と類型

　民間団体・施設の形態（表4-9）としては，特定非営利活動法人（NPO法人）が最も多く，約半数を占めている。次いで法人格を有しない任意団体（21.9%）が多い。また，学校法人，公益／一般社団・財団法人など他の法人や，営利法人（株式会社等）が運営するものも散見されている。

　それらの類型の多くはフリースクール（フリースペース）である。この調査における「フリースクール（フリースペース含む）」とは，不登校の子

表 4-9　民間団体・施設の形態 （文部科学省 , 2015）

区分	団体・施設数（%）
特定非営利活動法人（NPO 法人）	146（45.8%）
学校法人（準学校法人を含む）	7（2.2%）
公益社団・財団法人，一般社団・財団法人	28（8.8%）
営利法人（株式会社等）	27（8.5%）
上記以外の法人（社会福祉法人など）	10（3.1%）
法人格を有しない任意団体	70（21.9%）
個人	31（9.7%）
合計	319

表 4-10　民間団体・施設の入会金・会費（授業料）
（文部科学省 , 2015）

区分	入会金	会費（授業料）
徴収なし	123（38.8%）	49（15.8%）
〜 5,000 円	27（13.9%）	25（9.5%）
5,001 〜 10,000 円	36（18.6%）	15（5.7%）
10,001 〜 30,000 円	61（31.4%）	100（38.2%）
30,001 〜 50,000 円	35（18.0%）	95（36.3%）
50,001 〜 100,000 円*	11（5.7%）	27（10.3%）
100,001 円以上	24（12.4%）	―
計	317	311

*会費（授業料）については「50,001 円以上」。

どもを受け入れることを主な目的とする団体・施設のことであるとされている。「スクール」と呼ばれるが，必ずしも勉強を教える「学校」ではない。

　週当たりの開所日数では，5 日が最も多く，約半数の団体・施設が週 5 日開所している。

　教育支援センターは教育委員会等が設置する公的な施設であるため，原則無料であるのに対して，民間団体・施設では入会金や会費（授業料）がかかるところがある（表4-10）。入会金は 317 件のうち 194 件が徴収している。金額としては「10,001〜30,000 円」が最も多く（61 件：入会金を徴収している団体・施設の 31.4%），「100,001 円以上」のところも 24 件（12.4%）

ある。入会金を徴収している団体・施設における入会金の平均は約53,000円となる。一方，入会金を徴収していない団体・施設も123件 (38.8%) ある。

月単位の会費 (授業料) は，311件のうち262件が徴収している。月単位で，「10,001〜30,000円」(100件：会費［授業料］を徴収している団体・施設の38.2%) や「30,001〜50,000円」(95件：36.3%) が多く，「50,001円以上」も27件 (10.3%) みられている。49件 (15.8%) は月単位での会費 (授業料) を徴収していないが，このなかには，通所した際にその都度利用料等を徴収している団体・施設も含まれていることから，これらの団体・施設に通所する際には，何らかの形である程度の金額がかかっていることが推測される。

また，入会金や会費 (授業料) 以外の納付金を徴収している団体・施設は116件 (36.4%) であった。「2019年調査」では，教育委員会等はこれら民間団体・施設に対して補助制度や減免制度をあまり行っておらず (「補助制度や減免制度はない」という回答は280件：79.8%)，通所による費用や体験学習等の活動費などに対する経済的支援も行われていないことが明らかにされている。そのため，多くの民間団体・施設は在籍している児童生徒の保護者から費用を徴収することで運営をすることになり，それが不登校児童生徒をもつ保護者の負担になっていると考えられる。

2）スタッフ等の体制

民間団体・施設において週5日以上勤務している者のうち，有給者は872人 (全スタッフ2,864人の30.4%)，無給者は58人 (2.0%) であった。また週5日未満勤務している者のうち，有給者は1,099人 (38.4%)，無給者は835人 (29.2%) であった。民間団体・施設のスタッフの約3分の1が無給者 (ボランティア) であることがわかる。また，「有給」についても，正規雇用だけでなくアルバイトなども含んでいると推測される。

民間団体・施設において有給で週5日以上勤務している者の人数では，「1〜5人」が189件 (59.8%) で最も多かった。「11〜15人」(7件：2.2%) や「16人以上」(8件：2.5%) も散見される一方，有給で週5日以上勤務している者がいない団体・施設も92件 (29.1%) あった。しかし，

先に述べたように，すべての団体が週5日以上開所しているわけではないため，有給で週5日以上勤務している者がいないという点だけでは，その団体・施設の質などを評価することはできない。

　スタッフが有している資格等としては，教員免許が最も多く (1,054人：全スタッフの36.8%)，このうち教員経験を有する者は706人 (24.7%) いる。また，心理に関する専門的な資格を有する者は268人 (9.4%)，福祉に関する資格を有する者は151人 (5.3%) であり，教育支援センターと比較しても，それほど多いわけではない。具体的な数値は示されていないが，これら専門的な資格を有していない者も一定数いると推測される。

3）民間団体・施設に在籍している児童生徒

　民間団体・施設に在籍している児童生徒数は，小学生が1,833人，中学生が2,363人であった。教育支援センターに通う児童生徒数と比べると，小学生は半数以下，中学生は7分の1程度となっている。このうち，小学生の969人，中学生の1,372人は在籍校で出席扱いとなっている。教育支援センターでの出席扱いが約90%であったことから，民間団体・施設に在籍することが指導要録上出席扱いとなるのは約半分であるといえる。

4）活動内容

　民間団体・施設での活動内容としては，「相談・カウンセリング」「個別の学習」「社会体験 (見学，職場体験など)」「自然体験 (自然観察，農業体験など)」「芸術活動 (音楽，美術，工芸など)」「スポーツ体験」が多くの団体・施設で行われている (表4-11)。これらは教育支援センターで行われている内容と一致している。一方，「宿泊体験」「子供たちによるミーティング」「その他特色ある活動 (ボランティア活動，交流体験活動，乗馬，SSTなど)」など，教育支援センターではあまり行われていない活動を行っている団体・施設も多くみられている。

表 4-11　民間団体・施設の活動内容（文部科学省，2015）

区分	回答数（%）
個別の学習	277（87.1%）
授業形式（講義形式）による学習	138（43.4%）
社会体験（見学，職場体験など）	236（74.2%）
自然体験（自然観察，農業体験など）	232（73.0%）
調理体験（昼食づくりなど）	239（75.2%）
芸術活動（音楽，美術，工芸など）	244（76.7%）
スポーツ体験	242（76.1%）
宿泊体験	164（51.6%）
子供たちによるミーティング	165（51.9%）
学習成果，演奏や作品などの発表会	127（39.9%）
相談・カウンセリング	289（90.9%）
家庭への訪問	162（50.9%）
その他特色ある活動	128（40.3%）
施設数	318

注）　当てはまるものをすべて選択。

　これらの調査から，教育支援センターと民間団体・施設では，活動の内容はあまり変わらないことが明らかになった。一方，民間団体・施設のなかでは，スタッフの人数や質，入会金や会費（授業料）などの経済的な負担に差があることが示された。また，民間団体・施設である以上，それらはある程度需要のある地域（つまり，一定数の不登校児童生徒がいる地域）に設置される。「2019 年調査」では，1,964 の教育委員会のうち 1,674（85.2%）が，連携がある民間団体・施設はないと回答し，その理由として「域内に民間の団体・施設がないため」（929 件）が最も多くあげられている。どこの地域に住んでいても，不登校になる可能性はある。しかし，住んでいる地域によって教育支援センターが設置されていなかったり，民間団体・施設がなかったりして，不登校支援が受けられないケースがあるのである。

　また，教育支援センターと民間団体・施設に通っている児童生徒は小学生で 6 千人弱，中学生で 2 万人弱となっている（実際には両方に通っている児童生徒がいるため，児童生徒の実数はもう少し少なくなると考えられる）。この人

数は，不登校の小学生の10分の1程度，中学生の6分の1程度である。もちろんこのような施設等があっても，通所することが難しい児童生徒はいるが，そのような児童生徒を考慮しても，不登校児童生徒を受け入れる公的・民間の施設等が少ない現状にあるといえる。

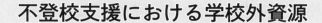

不登校支援における学校外資源

中学2年生の女子ケイコさんの母親が，ケイコさんの不登校について相談するため，公認心理師で中学校のスクールカウンセラーである中田さんを訪ねてきた。ケイコさんは，朝に体調不良を訴えて2週間ほど欠席が続くようになった。母親が理由を聞いてもケイコさんは話したがらず，母親は「原因についてわからない状態が続いている」と家庭での様子を説明した。学習の遅れも心配で，ケイコさんに対して登校を強く促すほうがよいのか，黙って見守ったほうがよいのか判断がつかないと困った様子で話した。「担任教師の心証を悪くしたくないので，まずは担任教師に内緒で家庭訪問をしてケイコの気持ちを聞いてほしい」と母親は中田さんに頼んだ。

中田さんは，ケイコさんの担任である高橋先生とも相談しなければならず，自分一人の判断で家庭訪問などをすることはできないことや，高橋先生に相談することで学校としてできることも増えることを説明し，高橋先生などに状況を伝えることを承諾してもらった。そのうえで，ケイコさんや母親の様子から，学校外の関係機関との連携も必要になると考え，継続的に相談の機会をもつこととした。

STEP1：不登校の初期対応として学校ができることを分析し整理する

この事例のケイコさんは，学校を休むようになって2週間ほどである。不登校状態としては，まだ初期段階にあるといえ，この段階で適切なアプローチをすることで，登校できるようになる可能性はある。ただし，母親が登校を促すかどうかで迷っているように，学校としても，いたずらに登校を促す（登校刺激を与える）ことには慎重でなければならない。そのためにも，情報収集と分析が必要となる。

担任の高橋先生からはケイコさんの学級での様子やクラスメイトとの関係について，各教科担任からは授業中の様子について，情報を集める

ことが必要となる。また，体調不良を訴えていることから，養護教諭からも保健室の利用などについても確認する必要がある。もちろん，母親からの情報だけでなく，ケイコさん自身からも情報を得ることが求められる。担任や養護教諭などとの関係が良好であれば，家庭訪問や電話での連絡を行うことで，ケイコさんの様子を直接把握することができるであろう。母親がスクールカウンセラーの家庭訪問を望んでいたことから，管理職等の許可を得て，スクールカウンセラーが家庭訪問したり，担任の家庭訪問に同席したりすることもできる。母親からも引き続き情報を得ることで，ケイコさんに関する情報が徐々に集まってくる。

　これら集まってきた情報を分析・整理することで，ケイコさんの状況が理解できてくるようになる。ここで重要なのは，「不登校の原因」を探さないことである。不登校には何かひとつの決定的な原因（学業の遅れ，いじめ，教師との関係など）があると考えがちである。そのため，不登校への対応においては，その原因を突き止め，原因を取り除こうとする試みがなされ，原因を取り除けば，登校できるようになると思ってしまう。しかし，実際には，その原因と思われるものが取り除かれても，登校できない状態が続く場合が多い。それは，この「不登校の原因」と思われるものは，不登校に至る最後のきっかけであっただけで，実際には，いくつもの要因が積み重なって不登校に至っているからである（図4-3）。

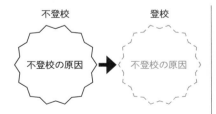

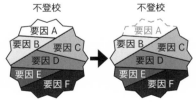

根本的・決定的な原因がひとつあって，それを取り除くと，登校できるようになると考える。

複数の要因が重なり合っているため，どれかひとつを取り除いたら登校できるようになるわけではない。

図4-3　不登校の原因・背景の捉え方

では，原因を取り除かずに，どのように不登校に対応すればよいのか。それは選択肢を多く提示することである。学校場面では，子ども側が選択できる機会は決して多くない。担任が誰になるのか，どの教科をいつ学ぶのか，いつ休憩をとるのかなど，ほとんどは学校・教師側が決めることである。しかし，すべての子どもがそのように与えられた環境に適応できるわけではない。担任と合わない子どももいるし，数学は授業についていけるが，英語はついていけない子どももいる。50分間集中力がもつ子どももいれば，30分程度で集中が切れる子どももいる。不登校になった子どもの多くは，子どもと与えられた環境が適合せずに，苦しんだ結果，学校に行けなくなっている。そのような子どもに，環境を変えずに，学校に来ることを求めても，学校には行けない。そのため，多様な選択肢を提示することが必要となる。

　たとえば，「登校刺激を与えるか」という問いに対して，〈与える－与えない〉の二択で考える必要はない。①別室登校をする，②放課後に登校する，③電話での連絡にする，④しばらく登校は控える，などバリエーションをもたせて，子どもに提示する。「学校に来ないか？」という問いに対しては，「はい」か「いいえ」のどちらかの回答 (情報) しか得られないが，先に示した①〜④であれば，どれを選んでも，その先に話を進めることができる。①〜③の場合は，頻度をどうするか，1回の時間はどのくらいにするか，どこで過ごすかなどについて，また選択肢を提示できる。④であれば「とりあえず1週間お休みしようか」など，めどを立てることができるし，その間の勉強はどうするかも考えることができる。

　大切なのは，先に行った情報収集と分析・整理に基づいて，子どもができそうな選択肢を提示し，できるだけ子ども自身に選んでもらうことである。そうすることで，子ども自身も不登校である時間を主体的に過ごすことができ，保護者や学校も本人の意思を尊重した支援ができるようになる。

STEP2：学校外の援助資源を把握する

　選択肢を提示するという対応のなかには，「学校に行かない」という

ものも含まれる。しかし，学習の遅れを母親が心配しているように，学校に行かないという選択肢には，それなりにリスクも生じる。また，学校に行かないという選択に対して，「楽なほうを選んで……」と思う大人もいるだろう。しかし，表面的には，学校から逃れ，ずっと家でのんびり過ごしているような子どもであっても，その内面では多くの葛藤を抱えていることが少なくない。そのような葛藤を少しでも楽にさせるために，学校以外の関係機関を提示し，そこにつなげることもスクールカウンセラー（公認心理師）の役割である。

　不登校に関する学校外の関係機関としては，教育支援センターがある。教育支援センターについては，すでに述べている通り，学校復帰を目標に，子どもや保護者の相談，学習支援などを行っている。教育委員会が設置しているところが多く，現職の教員や元教員が多いのが特徴である。知能検査や心理検査を実施しているところも多く，子どもについてより専門的なアセスメントが可能になる。不登校に関する学校外の関係機関としては，教育支援センターが第一選択肢となり，学校でも教育支援センターを勧めることがある。一方，学校復帰という目標に沿わない子どもにとっては選択肢にはなりにくい。公的な機関としては，児童相談所も不登校の相談・支援に関わっている。児童相談所というと，児童虐待への対応という印象が強いが，実際には次のことを行っている。

　①養護相談（虐待など）
　②保健相談（未熟児など）
　③心身障害相談（発達障害，身体障害など）
　④非行相談（触法行為など）
　⑤育成相談（不登校など）

　なお，児童相談所は児童福祉法で規定されている行政機関であり，心理的な支援だけでなく，福祉的な支援が得られる。一方，学校復帰や学習の遅れの取り戻しなどを目指すわけではないため，学校などとの方針については調整が必要となる。

　民間の機関では，先に紹介したフリースクールがある。フリースクー

ルは，それぞれにおいて目的・目標，利用方法・頻度，活動内容，利用料等が異なり，またその質もさまざまである。そのため，子どもや保護者が実際に見学や体験をしてみないとわからないことが多くある。また，一般的に，教師などが特定のフリースクールを紹介するようなことはないため，親は自分の子どもが不登校になって初めて，フリースクールを探さなければならない状況になる。過去に利用した者からの情報などがあればよいが，そうでなければ，特定のフリースクールをスクールカウンセラーなどが積極的に勧めるのは難しいところである。

ケイコさんが体調不良を訴えていることから，医療機関への受診を勧めることも考えられる。腹痛などであれば，通常は内科を受診することになる。しかし，内科で異常がみつからなかったり，服薬を続けても改善しなかったりする場合は，心理的な要因が関係していると考え，心療内科や精神科へ切り替えることが考えられる。心療内科と精神科は混同されることが多いが，心療内科は発症や症状の持続にストレスなどの心理的な要因が関わっているとされるもの（いわゆる心身症）を扱うのに対し，精神科はうつ病や統合失調症のような精神疾患・精神障害を扱うといえる。ケイコさんの場合は，精神疾患の可能性は低そうなので，まずは心療内科を受診することになると考えられる。また，ケイコさんのような思春期の女性の場合，二次性徴の発現や，それに伴うホルモンのバランスが関わっていることも考えられるため，婦人科の受診も検討する必要があるかもしれない。

そのほか，民間のカウンセリングルーム・相談機関では，カウンセリングや心理療法・家族療法を受けることができる。また，この事例にはあてはまらないが，非行などがあって不登校となっている場合には警察署の少年相談窓口でも対応してくれる。いじめ被害が原因あるいは大きな要因となっていると考えられる場合には，法務局の人権相談が利用できる。さらに不登校が継続し，ひきこもり状態となっている場合には，**精神保健福祉センター**がひきこもり支援の総合窓口となっているため，そこでも相談に乗ってくれる。

このように不登校に関する学校外の関係機関は多くある。大切なのは，子どもの状態に合わせて適切な機関を見定め，紹介することである。そ

してそのためには，普段から地域の関係機関を把握し，関係を作っておくことが求められる。

STEP3：学校と学校外の関係機関との連携を調整する

　不登校への対応の場合，その多くが学校の教職員だけではなく，学校外の関係機関を利用することになる（表 4-12）。しかし，学校外の関係機関につなげれば，学校の役割が終わるわけではない。最終的に登校に至るかどうかは別として，学校に在籍している子どもの状況やその変化を把握し，その状況に合わせた選択肢を提示することが学校には求められる。そうしなければ，不登校の子どもは，学校外の関係機関に自分は追いやられた，学校からは見捨てられたという思いを抱くことになる。

　学校外の関係機関との連携については，ネットワーク型援助チームを形成することが重要となる（ネットワーク型援助チームについては第 1 章の事例参照）。学校外の関係機関と連絡・調整し，また学校内の援助チームとも連絡・調整が可能な者がコーディネーターとなり，各機関における状況の把握，方針の共有，必要に応じた会議の招集などを行う必要がある。この事例の場合，ケイコさんの母親はスクールカウンセラーに相談をしているが，

表 4-12　不登校に関する主な関係機関

	機関名	内容等
公的機関	教育支援センター（適応指導教室）	教育委員会等が設置するもので，学校復帰を目標として，不登校の子どもや保護者の相談，知能検査等の実施，学習支援などを行う。
	児童相談所	児童福祉法に規定された機関で，育成相談として不登校の相談を行う。福祉的な視点からの支援が提案される。
	精神保健福祉センター	心の健康全般に関する相談を行い，ひきこもり支援の総合窓口でもある。
	警察署	非行・いじめ・虐待などに関する相談や援助を行う。
	法務局	いじめなど人権問題に関わる事柄について相談を行う。
医療機関	（児童）精神科	うつ病や統合失調症など精神疾患・精神障害の診断・治療を行う。
	心療内科	主に心身症に関して，心身に対する治療を行う。
	婦人科	思春期・二次性徴によるホルモンバランスの乱れなどについて相談・治療を行う。
民間機関	フリースクール	不登校の子どもなどの居場所として機能するが，目的や内容，利用料，専門性などはさまざま。
	カウンセリングルーム	個人等が開業している，カウンセリングなどを行う（投薬はできない）。

スクールカウンセラーは学校に常駐しているわけではないため，教育相談担当などがコーディネーターとして機能することが求められる。

　不登校への支援は，すぐに結果が出る（登校する）ものではなく，また何をやってもなかなか効果が感じられないことも多い。それでも，不登校となった子どもにとって適切と思える選択肢を提示し，常に関心を向けていることを示すことで，不登校の子どもが次の一歩を踏み出そうとするときに，さっと手を差し伸べることができる。そのためにも，学校内外の援助資源を活用することが求められるのである。

事　例

　公立Ａ中学校３年生のアキオは，中学１年生の夏休み明けから徐々に登校しなくなり，３年生になってからは一度も登校していない。家にいる間は，ずっとオンラインゲームをしていたり，Youtubeを観たりしている。3年間担任をしている大野先生は，最初は頻繁に家庭訪問や電話していたが，２年生の２学期頃に，「学校に来いと言って来るわけではないので，来たいと思ったら連絡してください」と言って，それ以降連絡をしなくなった。アキオの両親は学校や大野先生には期待できないが，進路など今後のことを考え，アキオに教育支援センターでの面談に行くように勧めた。

　面談の当日，アキオは渋々来室し，公認心理師である相談員の岡田さんに以下のように伝えた。「いい成績を取ったり，偏差値の高い学校に行ったりしたからといって，幸せになれるわけではない。だったら，学校に行かずに自分の好きなことを極めて，それを仕事にしたほうがいい。自分はユーチューバーになるために日々勉強をしている。高校にも行くつもりはない。だから，相談員さんから親に，こういう面談はもうしなくていいと伝えてほしい」。

　アキオとの面談後，岡田さんはアキオの両親にアキオが語ったことを伝えた。両親は，せめて高校には行ってもらいたいという思いをもっている。また，母親は多少諦めている感じがあるが，父親はアキオの考えは世間を知らない子どもの言い分だと言って怒りをにじませていた。

考えてみよう！

　登校を勧める言葉かけのことを「登校刺激」と言います。登校刺激の効果は与えるタイミングによってポジティブにもネガティブにもなると言われています。どのようなタイミングで登校刺激を与えるのがよいか考えてみましょう。また，大野先生の対応は登校刺激の観点からみて適切だったといえるのか，考えてみましょう。

話し合ってみよう！

　アキオは「いい成績を取ったり，偏差値の高い学校に行ったりしたからといって，幸せになるわけではない」と主張して，高校進学を含め登校することを否定しています。このアキオの考えについて，賛否を明確にしたうえで，それぞれの考えを出し合って，話し合ってみましょう。

ロールプレイをしてみよう！

　アキオへの今後の対応について，①相談員の岡田さん，②アキオの母親，③アキオの父親，の３名でロールプレイをしてみましょう（必要に応じて，④担任の大野先生も加えてみてください）。

Column 4　不登校であった子どもの進路

　「不登校となり，毎日家にいる我が子を見ていると，このままずっと家にこもって，ひとりでは生きていけなくなるのではないだろうかと心配になる」。不登校の子をもったある母親がそのように話していた。確かに，不登校がひきこもりのきっかけとなることはあり，文部科学省初等中等教育局長の通知（令和元年10月25日）でも，不登校における「学業の遅れや進路選択上の不利益，社会的自立へのリスク」が指摘されている。

　では，実際に不登校であった子どもはどのような進路をたどっているのであろう。不登校生徒に関する追跡調査研究会（2014）の『不登校に関する実態調査　平成18年度不登校生徒に関する追跡調査報告書』によると，中学校卒業後すぐの時点での進路では，「就職せずに高等学校等に進学した」が80.9％，「高等学校等に進学せずに就職した」が6.0％となっており，「高等学校等にも進学せず，就職もしなかった」は8.4％となっている。また，このような進路について「希望通りだった」は43.8％，「希望とは少しちがっていた」は30.3％，「希望とはかなりちがっていた」が10.3％，「希望とはまったくちがっていた」は13.7％となっている。

　このように不登校生徒の多くは高等学校等に進学しているが，それを支えているのは通信制高等学校や「チャレンジスクール」などと呼ばれる不登校経験のある生徒を積極的に受け入れている学校の存在であろう。これらの高校では，中学校までの大人数に対する一斉教育ではなく，個々の能力や特性に応じた教育が行われている。また，多様な選択科目が用意されており，そこに通う生徒のニーズに応えている。そして，これらの高等学校から大学などに進学する生徒も少なくない。

　このように，高等学校など教育的な受け皿は広がっている一方，就労面での受け皿は必ずしも広くはない。雇用する側からすると，不登校経験があることで，すぐに辞めてしまうのではないか，基礎的な学力などが身についていないのではないかという不安がある。そのため，不登校に対する支援には，教育的な支援だけでなく，就労に関わる支援が求められる。実際，『不登校に関する実態調査』においても，中学卒業以降の支援のニーズとして最も多かったのは「将来生きていくためや仕事に役立つ技術や技能の習得についての相談や手助け」（28.2％）であった。

　ICTの発達により，社会も働き方も大きく変わっている。コロナ禍によってテレワークが推奨され，オフィスに出勤せずに自宅で仕事をすることも社会的に認められるようになった。自宅でパソコンやスマートフォンを使ってできる仕事もますます増えていく。問題は，就労に関する支援がこのような時代の変化についていけるかである。

　「学校に行かない／行けないことは悪いこと」という時代ではなくなった。学校に行かない／行けない理由はさまざまであるが，学校という枠に適応しなかっただけで，他の枠組みだと活躍できる者も少なくない。不登校であった子どもが新たな枠組みで活躍できるような働き方の支援を，教育・学校も企業も，そして社会も模索していく時が来ているのである。

第**5**章

障害などを有する子どもを支援する

特別支援教育

子どものなかには，視覚障害や聴覚障害，肢体不自由，知的障害など障害をもっている子どももいる。そのような子どもの教育については，1947 (昭和22) 年に制定された学校教育法において，盲学校・聾学校・養護学校および小・中学校における特殊学級が設置され，行われてきた。その後，就学の義務化や通級指導の開始，発達障害児への対象拡大などを経て，2007 (平成19) 年の学校教育法改正により，特別支援教育が本格的に実施され，現在に至っている。

本章では，学校教育法等をもとに特別支援教育に関する法令での規定を確認する。また，文部科学省「発達障害を含む障害のある幼児児童生徒に対する教育支援体制整備ガイドライン～発達障害等の可能性の段階から，教育的ニーズに気付き，支え，つなぐために～」(2017) をもとに，実際の特別支援体制の整備の在り方について確認する。さらに，文部科学省の資料から，特別支援教育を受ける児童生徒数などの現状について把握する。

1. 学校教育法・学校教育法施行規則等における特別支援教育

特別支援教育とは，特別支援学校，特別支援学級での教育および通級での指導の総称である。特別支援教育については，それに特化した

法律はなく，特別支援学校と特別支援学級での教育は学校教育法に，通級での指導は学校教育法施行規則に規定されている。まずは文部科学省の資料をもとに，それぞれに関する法律・規則や概要をみていくことにする。

(1) 特別支援学校

　特別支援学校は学校教育法第 72 条から第 80 条に規定されている。特別支援学校の対象は，視覚障害者，聴覚障害者，知的障害^{メモ}者，肢体不自由者，病弱者（身体虚弱者を含む）であり，幼稚部，小学部，中学部，高等部がある。このうち，特別支援学校には小学部と中学部を置かなければならないとされており（第 76 条），小学部・中学部に加えて幼稚部や高等部を置くことができる

🖊 メモ

知的障害

標準化された知能検査で知能指数（IQ）が概ね 70 以下であり，日常生活に支障が出ている（適応機能の欠陥）状態であり，18 歳くらいまでに生じているものをいい，DSM-5 では知的能力障害と呼ばれる。知的障害者の福祉・支援については，知的障害者福祉法がある。

（第 76 条第 2 項）。ただし，特別の必要がある場合には，初等部または中等部のいずれかのみを設置したり，初等部・中等部を置かずに，幼稚部や高等部のみを置いたりすることもできる。都道府県には，特別支援学校の設置が義務づけられており（第 80 条），ほかに，国立，公立（市区町村立），私立の特別支援学校も設置されている。

　特別支援学校の目的は，障害のある幼児児童生徒に対して幼稚園，小学校，中学校，高等学校に準ずる教育を施すとととともに，障害による学習上又は生活上の困難を克服し自立を図るために必要な知識技能を授けることである（第 72 条）。特別支援学校に通う幼児児童生徒は障害の程度が比較的重いため，一人ひとりに対して丁寧な教育・指導が求められる。そのため，公立特別支援学校（小・中等部）では 1 学級当たりの標準児童生徒数を 6 名（重複障害の場合は 3 名）としている。2021 年 9 月には，特別支援学校設置基準が制定・公布され，特別支援学校を設置するために必要な最低限の基準が明確にされた。

　また，そのような重い障害をもつ児童生徒を教育・指導する特別支援学校の教員は，相当する学校の教諭免許状以外に，**特別支援学校教諭免許状**を有していなければならないとされている（教育職員免許法第 3 条

第3項）。この特別支援学校教諭免許状には，視覚障害教育，聴覚障害教育，知的障害教育，指定不自由教育，病弱教育の5領域があり，このいずれかを有していることが義務づけられている。しかし，教育職員免許法附則第16項において，「当分の間」，幼・小・中・高等学校の教諭免許状を有する者は，特別支援学校教諭免許状を持っていなくても，教諭免許状に相当する特別支援学校の教諭等になることができるとしている。そのため，2020（令和2）年度において特別支援学校教員のうち，当該障害種の免許状を有している教員は84.9%であり（文部科学省，2021a），すべての特別支援学校教員が特別支援学校教諭免許状を有している状態にはなっていない。

特別支援学校には，各学校の要請に応じて，障害のある幼児児童生徒の教育に関して必要な助言や援助を行うことが求められている（第74条）。これを特別支援学校の**センター的機能**と呼ぶ（詳しくは後述する）。

（2）特別支援学級

特別支援学校が独立した校舎をもつ学校であるのに対して，**特別支援学級**は通常の学校のなかに設置される〈学級〉であり，特別支援学級に属する児童生徒は，毎日その学級で生活し，学習する。

特別支援学級の対象は，知的障害者，肢体不自由者，身体虚弱者，弱視者，難聴者，その他であり，小学校，中学校，義務教育学校，高等学校，中等教育学校に設置することができる。障害の種類にあわせて，知的障害，肢体不自由，病弱・身体虚弱，弱視，難聴，言語障害，自閉症・情緒障害に分けられている。特別支援学級については，特別支援学校のように都道府県に対する設置義務はないが，国立・都道府県立・公立（市区町村立）・私立それぞれの学校において，適宜設置されている。

特別支援学級の目的は，障害をもつ幼児児童生徒やその他教育上特別の支援を必要とする者に対して，障害による学習上又は生活上の困難を克服するための教育を行うこととされている（第81条）。特別支援学校に通う児童生徒に比べると障害の程度は軽いため，特別支援学級では1学級当たりの標準人数は8名となっている。なお，特別支援学

級担任については，特別支援学校教諭免許状など専門的な教諭免許状を有している必要はない。

（3）通級による指導

通級による指導とは，通常学級に在籍する軽度の障害がある児童生徒に対して，各教科などの授業や学校生活，行事などは通常の学級で行い，障害に応じた特別の指導を「通級指導教室」のような特別な場で行う指導形態のことである。実際には，下記の3つの形態がある。

①自校通級：児童生徒が在籍する学校において指導を受ける。
②他校通級：他の学校に通級し，指導を受ける。
③巡回指導：通級による指導の担当教師が該当する児童生徒のいる学校
　　　　　　に赴いたり，複数の学校を巡回したりして指導を行う。

通級による指導は，学校教育法施行規則第140条に規定されている。対象は，言語障害者，自閉症^{メモ}者，情緒障害者，弱視者，難聴者，学習障害^{メモ}者，注意欠陥／多動性障害^{メモ}者，その他であり，小学校，中学校，義務教育学校，高等学校，中等教育学校にて行うことができる。通級による指導の目的は，障害に応じた特別な指導・教育課程を行うことである。また，『初めて通級による指導を担当する教師のためのガイド』（文部科学省，2020a）には，「障害による学習面や生活面における困難の改善・克服に向けた指導」が基本であるとされており，特別支援学校学習指導要領の「自立活動」に相当する指導を行う。ただし，指導内容については，個々の児童生徒に合わせて計画されるものとなっている。

> **✎メモ**
>
> **自閉スペクトラム症（ASD）**
>
> 法令等で用いられている「自閉症」は，DSM-5などでは「自閉スペクトラム症（ASD）」とされている。ASDは「社会的コミュニケーション能力の障害」と「限定された反復的な行動様式」を主症状とし，2歳頃までにはこれらの主症状の存在がみられる。

> **✎メモ**
>
> **限局性学習症（SLD）**
>
> 法令等で用いられている「学習障害（LD）」は，DSM-5などでは「限局性学習症（SLD）」とされている。SLDは知的能力障害には該当しないものの，読み，書き，計算など特定の学習や学業的技能の使用に困難を示している状態である。

> **✎メモ**
>
> **注意欠如・多動症（AD/HD）**
>
> 法令等で用いられている「注意欠陥・多動性障害（AD/HD）」は，DSM-5などでは「注意欠如・多動症（AD/HD）」とされている。AD/HDは不注意と多動性・衝動性のいずれか，または両方をもち，12歳までにそれらの主症状がみられる。主に不注意がみられる「不注意型」，多動性・衝動性がみられる「多動・衝動優勢型」，これらが両方みられる「混合型」に大別される。

通級による指導は，小・中学校では週に1〜8単位時間（学習障害，注意欠陥・多動性障害は月1単位時間〜週8単位時間），高等学校では7単位以内とされている。なお，特別支援学級担任と同様，通級による指導を担当する教員についても，特別支援学校教諭免許状の保有は問われない。

2. 教育支援体制の整備

2007（平成19）年度から特別支援教育が本格的に開始され，各学校において発達障害を含む障害児に対する教育上の特別な支援体制が整備されてきている。特に，**発達障害者支援法**が2016年に改正され，ライフステージを通じた切れ目のない支援が求められるようになった。教育については第8条で，年齢や能力に応じ，特性を踏まえた教育を受けられるようにすること，発達障害を有する子と有しない子が可能な限り共に教育を受けられるように配慮すること，適切な教育的支援を行うこと，**個別の教育支援計画**^{メモ}や**個別の指導計画**^{メモ}の作成を推進することなどが示された。そのような状況を踏まえ，2017（平成29）年3月に文部科学省は「発達障害を含む障害のある幼児児童生徒に対する教育支援体制整備ガイドライン〜発達障害等の可能性の段階から，教育的ニーズに気付き，支え，つなぐために〜」（以下，「ガイドライン」）を作成している。この「ガイドライン」は2004（平成16）年1月に作成された「小・中学校におけるLD（学習障害），ADHD（注意欠陥／多動性障害），高機能自閉症の児童生徒への教育支援体制の整備のためのガイドライン（試案）」を以下の観点から見直したものとされている。

> ╱メモ
> **個別の教育支援計画**
> 障害のある児童生徒の一人一人のニーズを正確に把握し，教育の視点から適切に対応していくという考えの下，長期的な視点で乳幼児期から学校卒業後までを通じて一貫して的確な教育的支援を行うことを目的として作られるものである。特別支援教育を受けるすべての児童生徒について作成され，小学校から中学校，中学校から高等学校などへと引き継いでいくものである。

> ╱メモ
> **個別の指導計画**
> 個別の指導計画は，個々の児童の実態に応じて適切な指導を行うために学校で作成されるものである。特別支援教育を受けるすべての児童生徒について，教育課程を具体化し，障害のある児童など一人一人の指導目標，指導内容及び指導方法を明確にして，きめ細かに指導するために作成する。

1. 対象を，発達障害のある児童等に限定せず，障害により教育上特別の

支援を必要とする全ての児童等に拡大。

2. 対象とする学校に，幼稚園及び高等学校等も加え，進学時等における学校間での情報共有（引継ぎ）の留意事項について追記。

3. 特別支援教育コーディネーター，いわゆる通級による指導の担当教員及び特別支援教育の担任など，関係者の役割分担及び必要な資質を明確化。

4. 校内における教育支援体制の整備に求められる養護教諭の役割を追記。

5. 特別支援学校のセンター的機能の活用及びその際の留意事項等を追記。

このような観点から，「ガイドライン」では，設置者，学校，専門家，保護者などの役割などについて記載している。ここでは，特別支援教育を含めた教育支援体制の整備における各々の役割・働きについて概観していく。

（1）設置者の役割

学校の設置者（ここでは都道府県・指定都市・市町村教育委員会とし，国立大学法人等や学校法人等は省略する）には，特別支援教育に関する基本的な計画（基本計画）の策定が求められている。なお，基本計画は，下記のような児童等の状況や学校・地域の実態を十分に踏まえて策定しなければならないとされている。

①特別支援学校におけるセンター的機能の状況
②高等学校等における特別支援教育の状況
③域内の小・中学校等における特別支援学級，通級による指導の設置・運営状況や通常の学級における状況
④各学校における校内委員会の設置・年間運営計画・運営状況
⑤各学校における支援員の確保・配置・運営状況
⑥就学・転学・進学・就労の状況

また，学校の設置者は，全教職員に対して，各種研修等を通じて，障害に対する理解や特別支援教育の内容についての知識の涵養に務め，特別支援教育が適切に実施されるようにしていくことが求められている。さらに，特別支援学級担任や通級担当教員に対しては特別支援学校教諭免許状の取得を勧め，特別支援教育に関する教職員の専門性の

向上に向けた取り組みを行うことが求められている。

　都道府県教育委員会は，障害のある児童生徒等やその保護者への相談・支援に関わる教育，医療，保健，福祉，労働等の関係部局・機関間の連携協力を円滑にするためのネットワークである**広域特別支援協議会**を設置し，機能させることが求められている。また，市町村レベルにおいても，地域の実情に応じて，同様の趣旨で**特別支援連携協議会**を設置・運営する必要がある。広域特別支援連携協議会および特別支援連携協議会の役割としては，下記などがある。

　①相談・支援のための施策についての情報の共有化
　②相談・支援のための施策の連携の調整や連携方策の検討
　③相談と支援のための全体計画（マスタープラン）の策定
　④個別の教育支援計画のモデルの策定
　⑤相談・支援に関わる情報の提供
　⑥支援地域の設定

　このほかに設置者には，巡回相談員や専門家チームの設置，特別支援学校のセンター的機能の充実などによる教育相談体制の整備と充実や，地域住民に対する特別支援教育に関する理解啓発などの役割がある。

（2）学校の役割

1）校長（園長を含む）の役割

　校長は，その学校における特別支援教育実施の責任者として，リーダーシップを発揮し，特別支援教育を学校経営計画（学校経営方針）の柱のひとつとして，特別支援教育の充実に向けた基本的な考え方や方針を示すことが期待されている。具体的には，以下のようなことを行っていくことになる。

　①校内委員会の設置
　②特別支援教育コーディネーターの指名
　③個別の教育支援計画および個別の指導計画の作成・管理
　④教職員の理解推進と専門性の向上
　⑤教員以外の専門スタッフの活用

⑥保護者との連携

⑦専門家・専門機関との連携の推進

⑧進学等における適切な引き継ぎ

一方，校内委員会は，全校的な教育支援体制を確立し，教育上特別の支援を必要とする児童等の実態把握や支援内容の検討を行うための委員会であり，主に以下の役割を担う。

①児童等の障害による学習上又は生活上の困難の状態及び教育的ニーズの把握

②教育上特別の支援を必要とする児童等に対する支援内容の検討（個別の教育支援計画等の作成・活用及び合理的配慮の提供を含む）

③教育上特別の支援を必要とする児童等の状態や支援内容の評価

④障害による困難やそれに対する支援内容に関する判断を，専門家チームに求めるかどうかの検討

⑤特別支援教育に関する校内研修計画の企画・立案

⑥教育上特別の支援を必要とする児童等を早期に発見するための仕組み作り

⑦必要に応じて，教育上特別の支援を必要とする児童等の具体的な支援内容を検討するためのケース会議を開催

⑧その他，特別支援教育の体制整備に必要な役割

校内委員会の構成員は，管理職，特別支援教育コーディネーター，主幹教諭，指導教諭，通級担当教員，特別支援学級担任，養護教諭，対象の児童等の学級担任，学年主任などが考えられる。委員会で支援の内容について検討・判断し，共通理解を図るとともに，定期的な評価を行い，評価結果や保護者の意見も踏まえて適宜支援内容を見直していくことが，校内委員会には求められる。

教員以外の専門スタッフとしては，特別支援教育支援員，スクールカウンセラー（SC）・スクールソーシャルワーカー（SSW），医療的ケアを行う看護師，就労支援コーディネーターなどがあげられる。このうち，**特別支援教育支援員**の主な役割は，次のこととなる。

①基本的な生活習慣の確立のための日常生活上の支援

②発達障害を含む障害のある児童等に対する学習支援

③学習活動，教室間移動等における支援
④児童等の健康・安全確保
⑤運動会（体育大会），学習発表会，校外学習等の学校行事における支援
⑥周囲の児童等の障害や困難さに対する理解の促進

　校長は必要に応じて，特別支援教育相談員を確保し，学級担任や特別支援教育コーディネーターなどは個別の教育支援計画等に基づき，支援員と事前に連携・協力の在り方について決めておくことが求められる。

2）特別支援教育コーディネーターの役割

　特別支援教育コーディネーターは，学校内の関係者および関係機関との連携調整，保護者の連絡窓口としての役割を担う教員である。校長は，特別支援教育について学ぶ意欲があり，学校全体や関係機関との連携・協力にも配慮ができ，必要な支援を行うために教職員の力を結集できる力量（コーディネートする力）を有する人材を特別支援教育コーディネーターに指名する。また，学校の実情に応じて，適切に校務分掌に位置づけることも必要である。

　特別支援教育コーディネーターには，次の役割が求められる。

①学校内の関係者や関係機関との連絡調整
②各学級担任への支援
③巡回相談員や専門家チームとの連携
④学校内の児童等の実態把握と情報収集の推進

　特別支援教育コーディネーターは学校内における特別支援教育の推進役として，校内委員会の企画・運営を担い，協議を円滑にすることが求められている。また，個別の支援については，学級担任など関わりのある教職員等でつくるチームによる会議（ケース会議）が必要となり，特別支援教育コーディネーターはケース会議の開催や計画，参加者等の連絡調整を行うことが期待されている。

　特別支援教育を受ける児童等については，それぞれ個別の教育支援

計画や個別の指導計画を作成しなければならない。これらの作成にあたり，学級担任や校内委員会の構成員に協力することも，特別支援教育コーディネーターの重要な役割である。

　そのほか，特別支援教育コーディネーターは，巡回相談員や専門家チームとの連絡調整の窓口となり，特別支援学校や教育，医療，保健，福祉，労働等の関係機関等との連絡調整も担う。保護者からの相談については，学級担任と連絡調整しながら，教育上特別な支援を必要とする児童等に関する内容については，特別支援教育コーディネーターが相談窓口となることも考えられる。

3）通常学級担任および教科担任の役割

　通常学級の担任や教科担任に求められるものとして，気づきと理解がある。障害を有する児童等のつまずきや困難な状況を早期に発見するためには，児童等が示すさまざまなサインに気づき，また見逃さないことが重要である。そのようなサインに気づくためにも，研修などを通して障害に関する知識を深め，児童等のつまずきや困難な状況等の背景を正しく把握できるようになることが求められる。

　また，特別支援教育コーディネーターとの連携を通して，個別の教育支援計画や個別の指導計画を作成し，活用・管理することは，学級担任等の重要な役割である。また，保護者とこれらの計画を共有し，話し合いをもつことで，保護者との信頼関係の構築にも結び付けることができる。

　普段の授業や学級運営においては，特別支援教育の視点を生かし，互いの良さを認め合い，大切にする温かい学級経営を心掛けることが求められている。そのような視点による授業・学級経営は，障害を有する児童等だけでなく，すべての児童にとって「わかる，できる，楽しい授業」になるとされている。また，障害のある児童等と障害のない児童等との交流や共同学習を積極的に行うことは，学習指導要領においても求められているものであり，積極的に提案・計画していくこととされている。

4) 通級担当教員・特別支援学級担任・養護教諭の役割

　通級担当教員は，校内委員会の参加・協力や特別支援教育コーディネーターとの連携，通常学級の巡回などを通して，通級による指導を受ける必要のある児童等を早期に発見することが期待されている。また，通級による指導を行う際には，個々の障害に応じた指導を，学級担任等との連携などを通して行っていくことが求められている。

　特別支援学級担任は，校内において担当する障害種に関する教育について最も知識のある専門家である。そのような立場から，学級担任や特別支援教育コーディネーター，通級担当教員への相談や助言を行うことが期待される。また，通常学級の児童等との交流や共同学習の推進においても，その役割が求められる。

　養護教諭は児童等の健康相談等を行う専門家として，特別支援教育コーディネーターや学校医との連携，校内委員会への協力が求められる。また，教育上特別の支援を要する児童等に配慮した健康診断および健康相談の実施，これらをきっかけとした保護者との連携などが期待されている。

(3) 専門家の役割

1) 巡回相談員の役割

　巡回相談員とは，各学校を巡回し，教員に対して教育上特別の支援を必要とする児童等に対する支援内容・方法に関する支援・助言を行うことを目的として，教育委員会や学校等に配置された専門的知識を有する指導主事・教員等のことである。具体的には，以下のようなことが求められる。

　　①対象となる児童等や学校の教育的ニーズの把握と支援内容・方法に関する助言
　　②校内における教育支援体制作りへの助言
　　③個別の教育支援計画等の作成への助言や協力
　　④専門家チームとの学校の連携の補助
　　⑤校内での実態把握の実施への助言

　対象となる児童等や学校のニーズを把握するために，保護者等との

面談，授業場面の観察，授業以外の活動場面の観察などを行っていく。また，学校に対して適切な助言を行うためには，専門家チームとの連携が重要であるとともに，特別支援教育コーディネーターとの連携を深めることが重要である。校内委員会への支援は，校内研修会等への支援なども行っていく。

2）専門家チームの役割

　専門家チームとは，各学校に対して障害による困難に関する判断，望ましい教育的対応等についての専門的意見を示すことを目的として，教育委員会等に設置された組織のことである。専門家チームには具体的には，以下のようなことが求められる。

　　①障害による困難に関する判断
　　②児童等への望ましい教育的対応についての専門的意見の提示
　　③校内における教育支援体制についての指導・助言
　　④保護者，本人への説明
　　⑤校内研修への支援

　障害による困難に関する判断は，知的能力・認知能力の評価，学習面・行動面の評価，福祉的・医学的な評価に基づいて行う。この判断をもとに，児童の特性とその特性の生かし方，支援の方法や配慮事項について学校や保護者などに伝える。また，保護者に対しては必要に応じて，教育相談機関，福祉機関，専門医がいる医療機関等を紹介し，相談することを勧める。

3）特別支援学校の役割（センター的機能）

　特別支援学校は，地域における特別支援教育のセンターとして，各学校の要請に応じて，教育上特別の支援を必要とする児童等の教育に関し，必要な助言や援助を行うよう努めることが求められている（学校教育法第74条）。具体的には，次のようなことを行う。

　　①各学校の教職員への支援
　　②各学校の教職員に対する研修協力

③特別支援教育に関する相談・情報提供
④個別の指導計画や個別の教育支援計画等の作成への助言など，児童等
　への指導・支援
⑤教育，医療，保健，福祉，労働等の関係機関等との連絡・調整
⑥児童等への施設設備等の提供

　特別支援学校には，このようなセンター的機能を発揮するための組
織を設け，校務分掌への位置づけを明確にするなどの校内体制の整備
を行うことが求められる。また，関係機関等との連携や地域のニーズ
の把握が必要となる。さらに，特別支援学校の教職員は，地域の学校
等に対して適切に支援を行うことができるよう，障害等による困難に
関する理解，実態把握の進め方，集団指導のなかで行える支援内容お
よび個別の教育支援計画等の作成に関する助言等を行うための専門性
を充実させることが求められる。

（4）保護者の役割

　教育上特別な支援を必要とする児童等の教育・支援に対して，保護
者は日常的に学校と連絡し合い，情報を交換することが重要となる。
家庭の様子を学校に伝えたり，学校の様子を知ったりすることは，子
どもの理解・支援につながるとともに，学校との信頼関係の構築にも
役立つ。
　また，学校側と保護者側の教育的ニーズを整理したうえで，その他
の関係機関とともにニーズや連携内容を整理し，個別の教育支援計画
等を作成し，それに基づいて学校と協働しながら子どもの支援を行っ
ていく。

3. 特別支援教育の現状

　2007 (平成19) 年度から本格的に開始された特別支援教育は，現状ど
のようになっているのであろうか。どのくらいの児童生徒が特別支援
教育を受けているのか，その現状について，文部科学省「特別支援教
育資料 (令和元年度)」(2020b) をもとにみていくことにする。

（1）特別支援学校

　特別支援学校は現在 (令和元年度)，国立 45 校，公立 1,087 校 (うち都道府県立963校)，私立 14 校，合計 1,146 校がある。障害種別では，視覚障害が 82 校，聴覚障害が 118 校，知的障害が 786 校，肢体不自由が 352校，病弱・身体虚弱が 151 校となっている。

　特別支援学校に在籍する児童等は，144,434 人である。障害種別 (延べ人数) は視覚障害 5,083 人，聴覚障害 8,175 人，知的障害 131,985 人，肢体不自由 31,094 人，病弱・身体虚弱 18,863 人である (表5-1)。学校段階別では，幼稚部が 1,438 人，小学部が 44,475 人，中学部が 30,374 人，高等部が 68,147 人となっている。

　2008 (平成20) 年度からの経年変化をみると (図5-1)，特別支援学校に在籍する児童等の人数は 2008 (平成20) 年度から 2019 (令和元) 年度の間では約 3 万 2 千人増加している。この増加のほとんどは知的障害であり，視覚障害，聴覚障害，肢体不自由，病弱・身体虚弱はほとんど増減がみられていない。

（2）特別支援学級

　特別支援学級は高等学校にも設置できるが，「特別支援教育資料」には，小学校・中学校・義務教育学校の数値のみ掲載されているため，これらについてみていく。

　特別支援学級は，小学校 16,460 校 (設置率83.4%)，中学校 7,948 校(77.8%)，義務教育学校 80 校 (85.1%) に設置されており，小学生 199,564人，中学生 77,112 人，義務教育学校生 1,464 人が在籍している。障害種別でみると，知的障害 129,267 人，肢体不自由 4,697 人，病弱・身体虚弱 4,048 人，弱視 627 人，難聴 1,893 人，言語障害 1,559 人，自閉症・情緒障害 136,049 人となっている (表5-2)。

　経年変化をみると (図5-2)，2008 (平成20) 年度から 2019 (令和元) 年度の間で約 15 万人増えており，約 2.2 倍になっている。この間，知的障害が約 5 万人増え (約1.8倍)，自閉症・情緒障害は約 9 万人増えている(約3.1倍)。

表 5-1　特別支援学校に在籍する児童等数（障害種別）（文部科学省，2020b）

	視覚障害	聴覚障害	知的障害	肢体不自由	病弱・身体虚弱
幼稚部	200	1,123	242	99	22
小学部	1,490	3,106	40,653	13,359	7,219
中学部	1,138	1,774	27,439	7,896	4,883
高等部	2,255	2,172	63,651	9,740	6,739
合計	5,083	8,175	131,985	31,094	18,863

出典：「学校基本統計」（文部科学省）
※この表の学級数及び在籍者数は，特別支援学校で設置されている学級を基準に分類したものである。複数の障害種を対象としている学校・学級・また，複数の障害を併せ有する幼児児童生徒については，それぞれの障害種ごとに重複してカウントしている。

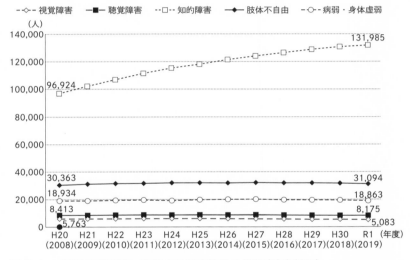

図 5-1　特別支援学校に在籍する児童等数の推移（障害種別）（文部科学省，2020b）

（3）通級による指導

　通級による指導は 2018 (平成30) 年度から高等学校や中等教育学校後期課程でも行われているが，開始されてまだ数年しか経っていないため，ここでは小学校 (義務教育学校前期課程を含む) と中学校 (義務教育学校後期課程及び中等教育学校前期課程を含む) についてみていくことにする。

　通級による指導を受けている児童生徒は，小学生で 116,633 人，中

表 5-2　特別支援学級に在籍する児童等数（障害種別）(文部科学省, 2020b)

	知的障害	肢体不自由	病弱・身体虚弱	弱視	難聴	言語障害	自閉症・情緒障害
小学校	90,462	3,552	2,900	447	1,357	1,350	99,496
中学校	38,105	1,119	1,135	179	528	197	35,849
義務教育学校	700	26	13	1	8	12	704
合計	129,267	4,697	4,048	627	1,893	1,559	136,049

出典：「学校基本統計」（文部科学省）
※一部文部科学省特別支援協力課の調べによる。
※中等教育学校の特別支援学級はなし。

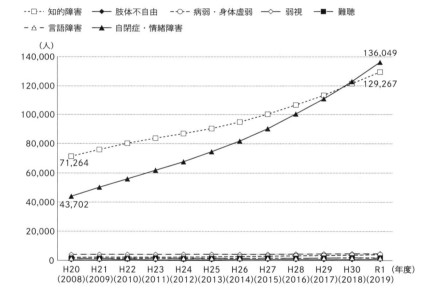

図 5-2　特別支援学級に在籍する児童等数の推移（障害種別）(文部科学省, 2020b)

学生で 16,765 人となっている (表5-3)。障害種別でみると，小学生では言語障害 39,106 人，自閉症 21,237 人，注意欠陥／多動性障害 20,626 人が多く，中学生では学習障害 4,631 人，自閉症 4,051 人，注意欠陥／多動性障害 3,933 人が多くなっている。肢体不自由や病弱・身体虚弱，弱視などは相対的に少なく，通級による指導を受けている児童生徒の

表 5-3　通級による指導を受けている児童等数（障害種別）（文部科学省, 2020b）

	言語障害	自閉症	情緒障害	弱視	難聴	学習障害	注意欠陥 多動性障害	肢体 不自由	病弱・ 身体虚弱
小学校	39,106	21,237	15,960	191	1,775	17,632	20,626	82	24
中学校	556	4,035	3,091	27	423	4,631	3,933	38	15
合計	39,662	25,272	19,051	218	2,198	22,263	24,559	120	39

出典：通級による指導実施状況調査（文部科学省）
※小学校には義務教育学校前期課程, 中学校には義務教育学校後期課程及び中等教育学校前期課程を含める。
※（　）内は総計に占める割合である。

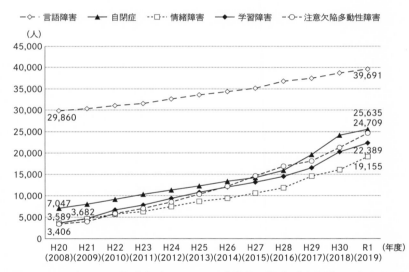

図 5-3　通級による指導を受けている児童等数の推移（障害種別：主なもの）
（文部科学省, 2020b）

多くが発達障害を有していることがわかる。

　経年変化をみると（図5-3），通級による指導を受けている児童生徒数は，2008（平成20）年度から2019（令和元）年度の間で約8万人増加している（約2.7倍）。障害種別では，注意欠陥／多動性障害が約7.2倍，学習障害が約6.0倍，情緒障害が約5.3倍，自閉症が約3.6倍となっている。

就学相談を通した就学先の決定

　来年度小学校に入学予定の5歳の男の子ケンの両親が，就学先の相談のため，教育支援センターを訪れた。ケンは乳幼児期から母親と視線が合い，後追いもあった。1歳0か月で歩き始め，1歳3か月で一語文を話し始めた。乳幼児健康診査では問題を指摘されることはなかった。しかし，よく迷子になり，気が散りやすく，かんしゃくを起こすことが多くみられ，母親は何かあるとケンを叱りつけてしまっていた。幼稚園でも，勝手に部屋から出て行ったり，きちんと並んで待てなかったりするなど，「集団行動ができない」と幼稚園の担任から指摘された。また，今のままでは，小学校での学習や集団行動で困難が生じる恐れがあることから，特別支援学級や通級による指導も念頭に，教育支援センターに相談するように促された。

　ケンの両親は，ケンの行動の問題点を理解しつつも，「自分たちが小学生だったころにもこのような子どもはいた。特別支援学級や通級による指導を受けると，ケンの将来に悪影響が出るに違いない。私たちはケンには通常学級で学んでほしいと思っていて，それを約束してもらいに来た」と述べた。

　両親の対応をした教育支援センターの職員は，就学相談や就学先決定のプロセスについて説明し，「通常学級での就学が可能かどうかも含めて，検討させてほしい」と伝えた。両親は「通常学級を前提に考えてもらいたい」という希望を述べ，しぶしぶ検討することを承諾した。

STEP1：就学相談のプロセスを確認する

　就学相談とは，子どもの就学先を決めるために，保護者，児童，教育委員会の間の話し合いとその決定までのプロセスのことである。発達障害を含む障害を有する子どもや発達上気がかりな子どもが教育を受けるうえで，最も適した教育環境を準備・提供するために行われるものであり，通常学級，通級による指導，特別支援学級，特別支援学校のどこで

教育を受けるかを決める手続きである。就学相談については，文部科学省（2021c）「障害のある子供の教育支援の手引～子供たち一人一人の教育的ニーズを踏まえた学びの充実に向けて～」に詳しく記載されている。ここでは事例に基づいて，小学校に入学する際の就学相談について説明する。

　図5-4は，小学校入学時における就学相談・就学先決定の一般的なプロセスである。もちろん，実施している市区町村によって，就学相談・就学先決定のプロセスは変わり得るため，図5-4はそのなかの一例として考えてもらいたい。

　就学相談は保護者からの相談・申込によって始まる（図内①）。これまでの生活などにおいて発達上の遅れなどに気づき，自主的に相談に訪れる場合もあるが，実際は医療機関や幼稚園・保育所などからの勧めから相談に訪れる場合が多い。また，1歳6か月健康診査や3歳児健康診査において障害や遅れなどが指摘されたり，すでに児童相談所や療育機関などとつながっていたりする場合にも就学相談が勧められる。就学児健

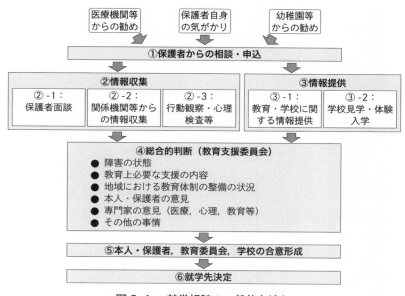

図5-4　就学相談の一般的な流れ

康診断によって，教育支援センターにつなげられる場合もある。いずれにしても，就学相談は保護者からの相談・申込によって始まるものであるため，発達上の遅れや気がかりなどがない場合やそれらが就学上の困難につながらないと保護者が判断した場合などは，就学相談を申し出る必要はない。

　就学相談を受理し，就学先の検討にあたっては，保護者面談，関係機関等からの情報収集，行動観察・心理検査などを通して，子どもに関する情報を集めることになる（図内②）。保護者面談では，子どもの発達や障害の状態，生育歴や家庭環境，これまでの療育や教育の状況，教育内容や方法に関する保護者の意向，就学先に対して保護者が希望することなどを聴き取っていく。この際，保護者の心情に寄り添った対応をすることや，保護者に不足している情報を補ったりすることが重要となってくる。

　子どもが通園・通所している幼稚園・保育所，**児童発達支援センター**，療育機関，児童相談所などの関係機関からの情報収集も重要である。これまでに行ってきた教育や保育，療育，その他支援の内容や方法，そこでの子どもの様子などを聴き取る。すでに「個別の教育支援計画」や障害児相談支援事業所で作成されている「**障害児支援利用計画**」，障害児通所支援事業所などで作成されている「**個別支援計画**」などを資料として活用することも考えられる。

　子どもを直接観察することは，子どもの教育的ニーズを把握し，必要な支援内容を検討するうえで欠かすことができない。現在通園・通所している機関・施設などに担当者が出向き，必要に応じて，子どもと直接関わったり働きかけたりして，それらに対する反応をみることで，子どもに関する情報を多く得られることがある。観察では，「できた／できなかった」という結果のみに着目するのではなく，どのような条件や援助があればできるようになるのかなど，子どもの成長・発達の可能性を探る視点をもつことが求められる。また，できる限り複数名で観察することで，特定の観察者による偏った観察や見落としを回避することもできる。また，心理検査の実施も，子どもに関する有益な情報源となる。就学相談で実施される検査としては，**WISC-Ⅳ**（児童用Wechsler式知能検査第4版）や**田中・ビネー式知能検査Ⅴ**，**KABC-Ⅱ**などの知能検査が多い。

これらの検査を実施することによって，子どもの特性などについて，心理学的な知見に基づいた客観的な指標で把握することができる。また，これらの検査結果やその解釈などは，保護者に対する説明や今後の教育・援助などの計画立案にも活用することができる重要な情報であるといえる。もちろん，これらの検査を実施する際に交わされる言語的なコミュニケーションや検査への取り組み方，検査時の様子などからもその子の様子を知ることができる。心理検査による数値的な結果とこのような言語的・非言語的な情報を組み合わせることで，その子について総合的なアセスメントが可能となる。

　情報収集とともに重要となってくるのが，情報提供である（図内③）。就学相談を申し込む保護者でも，特別支援教育とはどのようなものであり，そこではどのような教育や支援をするのかを知らないことが多い。なかには，ケンの両親のように，特別支援教育を受けることで，自分の子どもに障害児というラベルが貼られ，他の子どもたちから隔離されるような印象をいだいている者もいる。保護者が特別支援教育を含めて，子どもにとって最適な教育環境について検討できるようにするためにも，特別支援教育や地域内の学校における教育・支援の在り方などについて説明することは，保護者は子ども自身に安心感を与えるうえでも大切なことである。

　また保護者が就学先に関する情報を得るために，学校見学を行う場合がある。その際には，施設・設備の見学だけではなく，子どもが就学した際の教育・支援の内容，配慮の実施方法，そこに就学した際に期待される子どもの成長・発達の見通しなどについて，丁寧に伝える必要がある。あわせて保護者の質問にも答え，不安感を低減させることも求められる。また，子ども自身が就学前に学校の日課に従って実際に授業に参加をし，学習活動を体験する機会である体験入学も，就学先を検討するうえでは重要となる。子どもも，学習活動や教師からの関わりなどを実際に体験することで，就学後の生活をイメージすることができる。さらに，その様子を保護者が見学することで，子どもの能力や特性と学習活動などとのマッチング，教育内容や方法，教師の子どもに対する姿勢・関わり方を，具体的・客観的にみて，就学先を検討する際の判断材料と

することができる。

　このように情報収集と情報提供を行ったうえで，総合的な判断を行うこととなる（図内④）。この総合的判断は，教育委員会に附属する**教育支援委員会**で行われる。総合的な判断では，子どもの障害や特性，それらに基づいて教育上必要となる支援の内容について明らかにしていく。またそれらから明らかにされた支援内容などに対して，地域における教育体制が対応できるかどうか，整備状況を把握することも必要となる。これらの情報を説明したうえで，子ども本人や保護者の意向を把握することが必要となる。この点については，障害者基本法第 16 条第 2 項に，以下のように規定されている。

国及び地方公共団体は，前項の目的を達成するため，障害者である児童及び生徒並びにその保護者に対し十分な情報の提供を行うとともに，可能な限りその意向を尊重しなければならない。（障害者基本法　第 16 条第 2 項）

　この規定から，就学先の決定における子ども本人や保護者の意向は最優先されるべきものであるため，これらの意向については十分な検討材料を提供し，時間を確保したうえで，聴取されなければならない。また，教育支援委員会に参加している教育学，医学，心理学等の専門家から意見を聴取することも求められる。

　このような情報や意見・意向を踏まえて，総合的な判断として就学先が検討される。就学先は市町村教育委員会が決定するものであるが，最終的な決定の前に，子ども・保護者と教育委員会，学校における合意形成が求められている（図内⑤）。その際には，先にも述べたように，子ども・保護者の意向を最大限尊重し，教育的ニーズや必要な支援，合理的配慮の内容など就学先での教育・支援などについてもあわせて合意形成をすることが望ましい。なかには，合意形成に至らない場合もある。その際には子ども・保護者の意向を尊重しつつ，第三者による評価を得るなどの調整が必要となってくる。また，課題点を明確にしたうえで体験入学を実施し，一定期間経過後に，再び検討の場をもつことも重要となる。

　このようなプロセスで進められていく就学相談において重要なのは，

常にこの子どもの可能性を最大限に発揮させ，将来の自立や社会参加のために必要な力を培うためには，どのような教育環境が最適であるかを念頭に置いておくことである。時に，保護者の意向と教育支援委員会の提案が対立することもあるが，その際にも，「子どもにとって最適な教育環境を提供する」という視点に立って話し合うことが求められる。

STEP2：就学相談に伴う保護者の気持ちを理解し，支える

　これまでに述べたように，就学相談では子ども本人や保護者の意向が尊重される。特に今回の事例のように，小学校就学時では，子ども自身は自分の障害や特性，特別支援教育について理解できていないこともあるため，意向を示すことは難しい。子ども本人の発言であっても，それが親の意向を代弁しているだけの場合もある。そのため，小学校就学時における就学先については，親の意向が重要となってくる。

　今回の事例でケンの両親は「自分たちが小学生だったころにもこのような子どもはいた」「特別支援学級や通級による指導を受けると，ケンの将来に悪影響が出るに違いない」と述べ，通常学級への就学を希望している。このように障害や特別支援教育について十分に理解しておらず，偏った知識や誤った理解から，特別支援教育に対して抵抗を示す親は一定数いる。「特別支援教育は普通の子どもから障害のある子どもを遠ざけるためのものである」「特別支援教育を受けることで，自分の子どもが障害児であることが周囲にも明らかになり，差別を受けたり，今後普通の人たちと同じ生活が送れない」などの誤解は，特別支援教育が必要な子どもをもたない一般の人でもいだいているものであり，自分の子どもが特別支援教育を受ける可能性があるのであれば，このような誤解によって不安が生じたり，抵抗を示したりすることは少なくない。特に，発達障害はこの十数年の間でその障害自体の捉え方や教育・支援の方法などが変わってきている。ケンの両親が「自分たちが小学生だったころにもこのような子どもはいた」という発言は，あながち間違いではないかもしれない。以前は，発達障害をもった子どもたちが「ちょっと変わった子」「ちょっと気になる子」として，通常学級に在籍していることがあった。しかし，それは通常学級でもやっていけるだけの力があったのか，

発達障害という認識がその当時は十分でなかったのか定かではない。少なくとも，後者の場合，その子どもが通常学級で教育を受けていたことは適切ではなかった可能性がある。このようなことを理解しているかはともかく，ケンの両親が特別支援教育を受けることに抵抗を示しているのは明らかである。

　特別支援教育を受けることへの抵抗の背景には，自分の子どもが障害をもっていること（障害児であること）を認めることへの抵抗がある。自分の子どもが障害をもって生まれてくることを想像して，妊娠・出産に進む夫婦は決して多くはない。そのようななかで，生まれてきた子どもに障害があった場合，その夫婦はショックを受け，どのように育てていけばよいか困惑するであろう。それが身体的な障害や視覚・聴覚などの障害であれば，比較的理解もしやすく，またさまざまな補助器具などもあるため，対応しやすく，結果として，子どもの障害を受容することにもつながる。一方，発達障害の場合は，外見的に障害があることがわかるわけではなく，またAD/HDの場合は子ども特有の言動のようにみえることもある。「好き嫌いが激しい」「ひとつのことに集中すると，他に気が移りにくい」「怠けている」など，障害ではなくパーソナリティであるように受け止められることもあり，発達障害であることは他の障害よりも，認めることや受け入れることが難しいように思われる。

　自分の子どもには障害があることを認め，それに合った子育てや教育，その他の支援を受けるように気持ちが向くことを**障害受容**という。しかし，子どもの障害を受容することは決して容易ではない。Drotar, D. ら(1975) はダウン症や先天性心疾患などの障害児をもつ親を対象とした調査から，障害受容に至る過程を〈ショック段階〉〈否認段階〉〈悲嘆・怒り段階〉〈順応段階〉〈再体制化段階〉という5つの段階に分けている（段階説）。これらの段階は行きつ戻りつしながらも，徐々に〈再体制化段階〉へと至るとされている。一方，Olshansky, S. (1962) や月本・足立 (1998) などは，障害児の親は子どもの障害について落ち込みと立ち直りを繰り返す**慢性的悲嘆モデル**を提唱している。さらに，中田 (1995) は障害をもつ子どもの親には，障害を肯定する気持ちと障害を否定する気持ちの両方が常に存在し，それらは表裏の関係にあるとする**螺旋型モデル**を提唱

している。現時点では，段階説，慢性的悲嘆モデル，螺旋型モデルのいずれが最も妥当な理論・モデルであるのかについては定まってはいないが，これらに共通している点として，子どもの障害を受容することは容易ではなく，多大な労力や時間を必要とするということである（そして，多大な労力や時間を費やしても，障害を受容できるとは限らない）。

　ケンの両親もまさに障害受容に困難を示している状態にあるといえる。しかし，障害受容ができないまま，ケンを無理に通常学級で学ばせることは，ケンの発達や適応の面からも適切ではない。かといって，ケンの両親の思いを無視して強引に特別支援教育（特別支援学級や通級による指導）に舵を切ることもできない。特に，ケンの両親は，ケンが特別支援教育を受けることがケンにとって不利益になると思い込んでいるため，その誤解を解くことも必要となってくる。

　そのためには，ケンの両親の思いやこれまでの苦労などを受け止め，相互の信頼関係を構築することが求められる。また，ケンの特性に関する専門的で正確な情報を理解しやすいように伝えるとともに，ケンの状態から最もケンの可能性を最大限に発揮させ，将来の自立や社会参加のために必要な力を培うために必要な環境について一緒に考えていく姿勢を示すことが必要である。あわせて，就学のことだけでなく，ケンの将来についてビジョンを示すことで，ケンの両親の誤解も解けていくことが期待される。

　なかには，就学相談によって，自分の子どもには発達障害や知的障害を有していることが明確となり，安堵する親・保護者もいる。これまでの子育てにおける困難が，親・保護者の問題ではなく，障害によって引き起こされていたということが明らかになり，自閉スペクトラム症などの診断名がつくことを歓迎する親・保護者もいる。一方で，そのような診断名がつくことで，親戚や周囲からの見られ方・扱われ方を心配する親・保護者もいる。障害をもつ子どもの親・保護者の心理も複雑であり，その親・保護者や家庭が置かれた状況によっても，受け止め方はさまざまである。就学相談という機会を通して，子どもだけでなく，親・保護者やその家庭の置かれている状況などを把握し，必要に応じて適切な相談窓口や専門機関につないでいくことも必要となってくる。

事　例

　小学4年生のトオルは，自閉スペクトラム症〈ASD〉の診断を受けている。ひとつのことに集中すると他のことに注意を移すことが難しく，予定が急に変更するとパニックを起こすこともある。就学相談では，通級による指導も勧められたが，保育園では集団生活をある程度送ることができていたことや，両親が通常学級を希望したことなどから，通常学級で過ごすこととなった。1年生から3年生の間はベテランの木島先生が担任をし，クラスメイトとの多少のトラブルはあったものの，無事に過ごすことができた。

　4年生になる際に木島先生が退職をし，教員歴2年目の若山先生が担任になった。若山先生は明るく，授業の進め方も上手と評判であるが，ルールをしっかりと決め，細かいところまで気にするタイプの教師である。トオルが特定のことに固執して時間を守れなかったり，天候などにより時間割を変更したことでパニックを起こしたりするたびに，トオルに対して注意や指導を繰り返して行ってきた。徐々にトオルは「どうせ俺なんて」「木島先生がよかった」などとふさぎ込んだり，かんしゃくを起こしたりするようになった。

　注意や指導を繰り返してもトオルの行動が一向に改善せず，対応に困った若山先生は特別支援教育コーディネーターの井口先生とスクールカウンセラーの戸田さんにアドバイスを求めた。

考えてみよう！

　発達障害を含め障害を有する人に対する合理的配慮の重要性が指摘されています。あなたが所属している学校や企業，組織では，どのような合理的配慮が行われているか調べてみましょう。また，現在行われている合理的配慮は十分なものなのか，さらに必要な配慮はないのか，考えてみましょう。

話し合ってみよう！

　学校生活を送るなかで，自閉スペクトラム症〈ASD〉や注意欠如・多動症〈AD/HD〉をもつ児童生徒にとって困ることや「過ごしにくい」と感じることにはどのようなことがあるでしょう。勉強や行事，その他の生活面など，具体的な場面について話し合ってみましょう。

ロールプレイをしてみよう！

　今後，若山先生がトオルにどのように関わっていけばよいかを検討するコンサルテーションの場を想定して，①若山先生，②特別支援教育コーディネーターの井口先生，③スクールカウンセラーの戸田さん，の3名でロールプレイをしてみましょう。

みんな発達障害？

　身体障害や知的障害などに比べると，発達障害は理解してもらいにくい障害のひとつである。空気が読めない，忘れ物が多い，急に計画を変更されると大きく戸惑う，動き回ってしまうなど，発達障害の症状は普通にいる子どもの様子のようであり，また誰にでも心当たりのある内容であったりする。漫画『リエゾン―こどものこころ診療所』２巻では，主人公の一人である研修医の女性が，昔のバイト仲間に自分は発達障害であるとカミングアウトする場面が描かれている。しかし，バイト仲間は「みんなある程度はそうなんじゃない？」と言い，その女性に対して「多少天然なところがあるけど，あまり障害とか重く考えることないって」と声をかけている。

　発達障害は現在，スペクトラムという考え方が用いられている。確かに誰しも，忘れ物はするし，急に計画を変更されると戸惑ってしまう。しかし，多くの人は日常生活や社会生活では困らない程度であり，また一部の人はある程度気をつけたり，工夫したりすることで忘れ物などをせずに生活ができている。しかし，発達障害と診断される場合には，そのように気をつけたり，工夫をしたりしたとしても，困難が生じてしまう状態にある。だからこそ，「障害」と呼ばれるのであり，障害とは「生きにくさ」ということである。

　発達障害はその状態だけでなく，支援などについても誤解されることがある。発達障害を有する子どもが受ける支援としては，療育と呼ばれる福祉的な支援がある。未就学の障害児に対する支援では，児童発達支援という言葉も用いられている。療育や児童発達支援では，特性や発達段階に応じて日常生活や社会生活が今よりも生きやすくなるような知識の提供や技能，他者との関わりに関する支援が行われており，児童発達支援センターや放課後デイサービス，障害児入所施設などで受けることができる。ただし，これらの支援は，発達障害を「治す」ためのものではない。本人や家族などがその特性を理解し，その特性を活かした生活ができるように支援するものである。「療育を受けても効果はない，発達障害は治らない」という声を聞くことがあるが，発達障害を治すことはできないし，療育は発達障害をなくすためのものではない。特性によって生じている障害（生きにくさ）を少しでも取り除き，また今後生じるであろう障害（生きにくさ）を未然に防ぐことが目的のひとつであるからである。

　漫画『リエゾン』でバイト仲間から先ほどのように声をかけられた女性はバイト仲間に対して「みんなが少し苦手なことがものすごく苦手で，気をつけても気をつけても頭から抜けてまた失敗して，その度に怒られるのも回数を重ねる毎に呆れられるのも辛いですけど……みんなと同じ悩みに見えちゃうのも本当はきついです……」「普通じゃくくれない大変さがあることを，私たちはただ知ってほしかったんです」と言っている。発達障害を有する本人がこのように訴えなくても済むように，学校や社会が発達障害について正しい知識を提供することは重要であり，公認心理師はその役割の一端を担っているといえるのである。

文　献

序　章

厚生労働省（2018）．平成29年（2017）患者調査の概況　Retrieved from https://www.mhlw.
　　go.jp/toukei/saikin/hw/kanja/17/index.html（2021年7月15日閲覧）
教育相談等に関する調査研究協力会議（2017）．児童生徒の教育相談の充実について〜学校の
　　教育力を高める組織的な教育相談体制づくり〜（報告）　Retrieved from https://www.pref.
　　shimane.lg.jp/izumo_kyoiku/index.data/jidouseitonokyouikusoudannjyuujitu.pdf（2021年7
　　月15日閲覧）

第１章

中央教育審議会（2015）．チームとしての学校の在り方と今後の改善方策について（答申）
　　Retrieved from https://www.mext.go.jp/b_menu/shingi/chukyo/chukyo0/toushin/__
　　icsFiles/afieldfile/2016/02/05/1365657_00.pdf（2021年7月15日閲覧）
石隈利紀・田村節子（2018）．新版 石隈・田村式援助シートによるチーム援助入門―学校心理学・
　　実践編―　図書文化社

第２章

Caplan, G.（1964）. Principles of preventive psychiatry. New York: Basic Books.（カプラン，
　　G.（著）新福尚武（訳）（1970）．予防精神医学　朝倉書店）
中央教育審議会（2008）．子どもの心身の健康を守り，安全・安心を確保するために学校全体と
　　して取組を進めるための方策について（答申）　Retrieved from https://www.mext.go.jp/b_
　　menu/shingi/chukyo/chukyo0/toushin/__icsFiles/afieldfile/2009/01/14/001_4.pdf（2021年7
　　月15日閲覧）
小林哲郎（2012）．学校危機と心のケア　本間友巳（編）　学校臨床―子どもをめぐる課題への
　　視座と対応―（pp. 154-169）　金子書房
文部科学省（2011）．教職員のための子どもの健康相談及び保健指導の手引　Retrieved from
　　https://www.mext.go.jp/a_menu/kenko/hoken/__icsFiles/afieldfi
　　le/2013/10/02/1309933_01_1.pdf（2021年7月15日閲覧）
文部科学省（2014）．学校における子供の心のケア―サインを見逃さないために―　Retrieved
　　from https://www.mext.go.jp/a_menu/kenko/hoken/__icsFiles/afieldfi
　　le/2014/05/23/1347830_01.pdf（2021年7月15日閲覧）
文部科学省（2018）．学校の危機管理マニュアル作成の手引　Retrieved from https://
　　anzenkyouiku.mext.go.jp/mextshiryou/data/aratanakikijisyou_all.pdf（2021年7月15日閲
　　覧）
上野安昭（2003）．教師のための学校危機対応実践マニュアル　金子書房
采女智津江（編）（2009）．新養護概説　少年写真新聞社

第３章

堀　裕嗣（2015）．スクールカーストの正体　キレイゴト抜きのいじめ対応　小学館新書
警察庁生活安全局少年課（2020）．令和元年中における少年の補導及び保護の概況　Retrieved
　　from https://www.npa.go.jp/safetylife/syonen/hodouhogo_gaikyou/R01.pdf（2021年7月22
　　日閲覧）
文部科学省（2014）．不登校重大事態に係る調査の指針　初等中等教育局　Retrieved from
　　https://www.mext.go.jp/a_menu/shotou/seitoshidou/__icsFiles/
　　afieldfile/2016/07/14/1368460_1.pdf（2021年7月15日閲覧）
文部科学省（2017）．いじめの重大事態の調査に関するガイドライン　Retrieved from https://

www.mext.go.jp/component/a_menu/education/detail/__icsFiles/afieldfi
le/2019/06/26/1400030_009.pdf(2021年7月15日閲覧)
文部科学省(2020)． 令和元年度 児童生徒の問題行動・不登校等生徒指導上の諸課題に関する
　調査結果について 初等中等教育局児童生徒課 Retrieved from https://www.mext.go.jp/
　content/20201015-mext_jidou02-100002753_01.pdf(2021年7月15日閲覧)
森口 朗(2007)． いじめの構造 新潮社
森田洋司・清水賢二(1986)． いじめ―教室の病い― 金子書房
佐々木充郭(2016)． スクールポリス ポプラ社
総務省(2018)． いじめ防止対策の推進に関する調査結果に基づく勧告 Retrieved from https://
　www.soumu.go.jp/menu_news/s-news/107317_0316.html(2021年8月6日閲覧)
鈴木 翔(2012)． 教室内カースト 光文社新書

第4章

不登校生徒に関する追跡調査研究会(2014)． 不登校に関する実態調査 平成18年度不登校生
　徒に関する追跡調査報告書 Retrieved from https://www.mext.go.jp/component/a_menu/
　education/detail/__icsFiles/afieldfile/2014/08/04/1349956_02.pdf(2021年7月22日閲覧)
文部科学省(2015)． 小・中学校に通っていない義務教育段階の子供が通う民間の団体・施設に
　関する調査 Retrieved from https://www.mext.go.jp/a_menu/shotou/tyousa/__icsFiles/afi
　eldfile/2015/08/05/1360614_02.pdf(2021年7月16日閲覧)
文部科学省(2019a)． 不登校児童生徒への支援の在り方について(通知) Retrieved from
　https://www.mext.go.jp/a_menu/shotou/seitoshidou/1422155.htm(2021年7月16日閲覧)
文部科学省(2019b)． 教育支援センター(適応指導教室)に関する実態調査 Retrieved from
　https://www.mext.go.jp/component/a_menu/education/detail/__icsFiles/afieldfi
　le/2019/05/20/1416689_002.pdf(2021年7月16日閲覧)
文部科学省(2019c)． 民間の団体・施設との連携等に関する実態調査 Retrieved from https://
　www.mext.go.jp/component/a_menu/education/detail/__icsFiles/afieldfi
　le/2019/05/20/1416689_001.pdf(2021年7月16日閲覧)
文部科学省(2020)． 令和元年度 児童生徒の問題行動・不登校等生徒指導上の諸課題に関する
　調査結果について 初等中等教育局児童生徒課 Retrieved from https://www.mext.go.jp/
　content/20201015-mext_jidou02-100002753_01.pdf(2021年7月15日閲覧)

第5章

Drotar, D., Baskiewicz, A., Irvin, N., Kennel, J., & Klaus, M.(1975). The adaptation of parents
　to the birth of an infant with a congenital malformation: A hypothetical model. Pediatrics,
　56(5), 710-717.
文部科学省(2017)． 発達障害を含む障害のある幼児児童生徒に対する教育支援体制整備ガイ
　ドライン～発達障害等の可能性の段階から, 教育的ニーズに気付き, 支え, つなぐために～
　Retrieved from https://www.mext.go.jp/component/a_menu/education/micro_detail/__
　icsFiles/afieldfile/2017/10/13/1383809_1.pdf(2021年7月16日閲覧)
文部科学省(2020a)． 初めて通級による指導を担当する教師のためのガイド 初等中等教育局
　特別支援教育課 Retrieved from https://www.mext.go.jp/tsukyu-guide/common/pdf/
　passing_guide_02.pdf(2021年7月16日閲覧)
文部科学省(2020b)． 特別支援教育資料(令和元年度) Retrieved from https://www.mext.
　go.jp/a_menu/shotou/tokubetu/material/1406456_00008.htm(2021年7月16日閲覧)
文部科学省(2021a)． 令和2年度特別支援学校教員の特別支援学校教諭等免許状保有状況等調
　査結果の概要 Retrieved from https://www.mext.go.jp/content/20210308-mxt_
　tokubetu01-000013247.pdf(2021年7月16日閲覧)
文部科学省(2021b)． 特別支援学校設置基準の公布等について(通知) Retrieved from https://
　www.mext.go.jp/b_menu/hakusho/nc/mext_00038.html(2021年10月12日閲覧)
文部科学省(2021c)． 障害のある子供の教育支援の手引～子供たち一人一人の教育的ニーズを
　踏まえた学びの充実に向けて～ Retrieved from https://www.mext.go.jp/content/
　20210629-mxt_tokubetu01-000016487_01.pdf(2021年10月12日閲覧)

Olshansky, S. (1962). Chronic sorrow: A response to having a mentally defective child. Social Casework, 43, 190-193.

中田洋二郎 (1995)． 親の障害の認識と受容に関する考察―受容の段階説と慢性的悲哀―　早稲田大学心理学年報, 27, 83-92.

竹本優作（原作）ヨンチャン（漫画）(2020)． リエゾン―こどものこころ診療所― 2　講談社

月本由紀子・足立自朗 (1998)． 障害児をもつ母親の受容と立ち直りに関する研究　埼玉大学紀要教育学部, 47, 51-67.

索 引

法 令 一 覧

法令等の内容は刊行時点のものである。

旭川学力テスト事件 ［昭和 43 年（あ）第 1614 号］　1章
　　https://www.cc.kyoto-su.ac.jp/~suga/hanrei/44-3.html

いじめの定義の変遷　3章
　　https://www.mext.go.jp/component/a_menu/education/detail/__icsFiles/afieldfile/2019/06/26/1400030_003.pdf

いじめの重大事態の調査に関するガイドライン ［文部科学省］　3章
　　平成 29 年 3 月
　　https://www.mext.go.jp/component/a_menu/education/detail/__icsFiles/afieldfile/2019/06/26/1400030_009.pdf

いじめの防止等のための基本的な方針 ［文部科学大臣決定］　3章
　　平成 25 年 10 月 11 日（最終改定 平成 29 年 3 月 14 日）
　　https://www.mext.go.jp/a_menu/shotou/seitoshidou/__icsFiles/afieldfile/2018/01/04/1400142_001.pdf

いじめ防止対策推進法 ［平成二十五年法律第七十一号］　3章
　　公布日：平成二十五年六月二十八日
　　施行日：令和二年四月一日（令和元年法律第十一号による改正）
　　https://elaws.e-gov.go.jp/document?lawid=425AC1000000071

いじめ防止対策推進法「重大事態」の解説（案）　3章
　　https://www.mext.go.jp/b_menu/shingi/chousa/shotou/116/shiryo/__icsFiles/afieldfile/2016/03/08/1367335_2_1.pdf

いじめ防止対策推進法の公布について（通知） ［25 文科初第 430 号］　3章
　　平成 25 年 6 月 28 日
　　https://www.mext.go.jp/a_menu/shotou/seitoshidou/1337219.htm

いじめ防止対策の推進に関する調査結果に基づく勧告 ［総務省］　3章
　　平成 30 年 3 月
　　https://www.mext.go.jp/component/a_menu/education/detail/__icsFiles/afieldfile/2018/10/02/1409383_002.pdf

学習指導要領 ［文部科学省］　2章
・**小学校学習指導要領**（平成 29 年告示）
　　告示：平成 29 年 3 月
　　https://www.mext.go.jp/content/1413522_001.pdf

・**中学校学習指導要領**（平成 29 年告示）
　　告示：平成 29 年 3 月
　　https://www.mext.go.jp/content/1413522_002.pdf

・**高等学校学習指導要領**（平成 30 年告示）
　　告示：平成 30 年 3 月
　　https://www.mext.go.jp/content/1384661_6_1_3.pdf

学校教育法 ［昭和二十二年法律第二十六号］　1, 3, 5章
　　公布日：昭和二十二年三月三十一日
　　施行日：令和二年四月一日（令和元年法律第四十四号による改正）
　　https://elaws.e-gov.go.jp/document?lawid=322AC0000000026

・学校教育法第 11 条に規定する児童生徒の懲戒・体罰等に関する参考事例［文部科学

省〕 1章
登録：平成 25 年 3 月
https://www.mext.go.jp/a_menu/shotou/seitoshidou/1331908.htm

学校教育法施行規則 5章
昭和二十二年文部省令第十一号
公布日：昭和二十二年五月二十三日
施行日：令和三年二月二十六日（令和三年文部科学省令第九号による改正）
https://elaws.e-gov.go.jp/document?lawid=322M40000080011

学校における子供の心のケアーサインを見逃さないために一〔文部科学省〕 2章
平成 26 年 3 月
https://www.mext.go.jp/a_menu/kenko/hoken/__icsFiles/afieldfi
le/2014/05/23/1347830_01.pdf

学校の危機管理マニュアル作成の手引〔MEXT 番号 2-1801〕 2章
平成 30 年 2 月初版
https://anzenkyouiku.mext.go.jp/mextshiryou/data/aratanakikijisyou_all.pdf

学校保健安全法〔昭和三十三年法律第五十六号〕 2, 3章
公布日：昭和三十三年四月十日
施行日：平成二十八年四月一日（平成二十七年法律第四十六号による改正）
https://elaws.e-gov.go.jp/document?lawid=333AC0000000056

・**学校環境衛生基準**〔文部科学省告示第百三十八号〕 2章
https://www.mext.go.jp/content/20201211-mxt_kenshoku-100000613_01.pdf

義務教育の段階における普通教育に相当する教育の機会の確保等に関する法律〔平成
二十八年法律第百五号〕 4章
公布日：平成二十八年十二月十四日
施行日：平成二十九年二月十四日（新規制定）
https://elaws.e-gov.go.jp/document?lawid=428AC1000000105

義務教育の段階における普通教育に相当する教育の機会の確保等に関する基本指針〔
文部科学省〕 4章
平成 29 年 3 月 31 日
https://www.mext.go.jp/a_menu/shotou/seitoshidou/__icsFiles/
afieldfile/2017/04/17/1384371_1.pdf

**義務教育の段階における普通教育に相当する教育の機会の確保等に関する基本指針の
策定について（通知）**〔28 文科初第 1852 号〕 4章
平成 29 年 4 月 4 日
https://www.mext.go.jp/a_menu/shotou/seitoshidou/1384370.htm

教育基本法〔平成十八年法律第百二十号〕 1章
公布日：平成十八年十二月二十二日（平成 27 年 8 月 1 日（基準日）現在のデータ）
https://elaws.e-gov.go.jp/document?lawid=418AC0000000120

「教育支援センター（適応指導教室）に関する実態調査」結果〔文部科学省〕 4章
令和元年 5 月 13 日
https://www.mext.go.jp/component/a_menu/education/detail/__icsFiles/afieldfi
le/2019/05/20/1416689_002.pdf

教育職員免許法〔昭和二十四年法律第百四十七号〕 5章
公布日：昭和二十四年五月三十一日
施行日：令和二年四月一日（令和元年法律第二十六号による改正）

https://elaws.e-gov.go.jp/document?lawid=324AC0000000147

教職員のための子どもの健康相談及び保健指導の手引［文部科学省］　2章

平成 23 年 8 月

https://www.mext.go.jp/a_menu/kenko/hoken/__icsFiles/afieldfi
le/2013/10/02/1309933_01_1.pdf

公認心理師法［平成二十七年法律第六十八号］

公布日：平成二十七年九月十六日

施行日：令和元年十二月十四日（令和元年法律第三十七号による改正）

https://elaws.e-gov.go.jp/document?lawid=427AC1000000068

子どもの心身の健康を守り，安全・安心を確保するために学校全体としての取組を進めるための方策について（答申）［中央教育審議会］　3章

平成 20 年 1 月 17 日

https://www.mext.go.jp/b_menu/shingi/chukyo/chukyo0/toushin/__icsFiles/
afieldfile/2009/01/14/001_4.pdf

令和元年度　児童生徒の問題行動・不登校等生徒指導上の諸課題に関する調査［文部科学省］　4章

令和 2 年 11 月 13 日

https://www.mext.go.jp/a_menu/shotou/seitoshidou/1302902.htm

令和元年度　児童生徒の問題行動・不登校等生徒指導上の諸課題に関する調査結果について（通知）［2 初児生第 14 号］　4章

令和 2 年 10 月 22 日

https://www.mext.go.jp/a_menu/shotou/seitoshidou/1422178_00001.htm

社会教育法［昭和二十四年法律第二百七号］　1章

公布日：昭和二十四年六月十日

施行日：令和二年四月一日（令和元年法律第十一号による改正）

https://elaws.e-gov.go.jp/document?lawid=324AC0000000207

障害者基本法［昭和四十五年法律第八十四号］　5章

公布日：昭和四十五年五月二十一日

施行日：平成二十八年四月一日（平成二十五年法律第六十五号による改正）

https://elaws.e-gov.go.jp/document?lawid=345AC1000000084

障害のある子供の教育支援の手引～子供たち一人一人の教育的ニーズを踏まえた学びの充実に向けて～［文部科学省］　5章

令和 3 年 6 月

https://www.mext.go.jp/content/20210629-mxt_tokubetu01-000016487_01.pdf

小・中学校における LD（学習障害），ADHD（注意欠陥／多動性障害），高機能自閉症の児童生徒への教育支援体制の整備のためのガイドライン（試案）［文部科学省］　5章

平成 16 年 1 月

https://www.pref.miyagi.jp/uploaded/attachment/14366.pdf

小・中学校に通っていない義務教育段階の子供が通う民間の団体・施設に関する調査［文部科学省］　4章

平成 27 年 8 月 5 日

https://www.mext.go.jp/a_menu/shotou/tyousa/__icsFiles/afieldfi
le/2015/08/05/1360614_02.pdf

体罰の禁止及び児童生徒理解に基づく指導の徹底について（通知）［24 文科初第 1269

号〕 1章

平成 25 年 3 月 13 日

https://www.mext.go.jp/a_menu/shotou/seitoshidou/1331907.htm

チームとしての学校の在り方と今後の改善方策について（答申）〔中央教育審議会〕 1章

平成 27 年 12 月 21 日

https://www.mext.go.jp/b_menu/shingi/chukyo/chukyo0/toushin/__icsFiles/afieldfile/2016/02/05/1365657_00.pdf

特別支援学校設置基準の公布等について（通知）〔文部科学省〕 5章

令和 3 年 9 月 24 日

https://www.mext.go.jp/b_menu/hakusho/nc/mext_00038.html

特別支援教育資料（令和元年度）〔文部科学省〕 5章

令和 2 年 9 月

https://www.mext.go.jp/a_menu/shotou/tokubetu/material/1406456_00008.htm

日本国憲法昭和二十一年憲法 1章

公布日：昭和二十一年十一月三日

施行日：昭和二十二年五月三日

https://elaws.e-gov.go.jp/document?lawid=321CONSTITUTION

初めて通級による指導を担当する教師のためのガイド文部科学省 5章

令和 2 年 3 月

https://www.mext.go.jp/tsukyu-guide/common/pdf/passing_guide_02.pdf

発達障害を含む障害のある幼児児童生徒に対する教育支援体制整備ガイドライン～発達障害等の可能性の段階から，教育的ニーズに気付き，支え，つなぐために～〔文部科学省〕 5章

平成 29 年 3 月

https://www.mext.go.jp/component/a_menu/education/micro_detail/__icsFiles/afieldfile/2017/10/13/1383809_1.pdf

人を対象とする医学系研究に関する倫理指針文部科学省〔厚生労働省〕 1章

平成 26 年 12 月 22 日（平成 29 年 2 月 28 日一部改正）

https://www.mhlw.go.jp/file/06-Seisakujouhou-10600000-Daijinkanboukouseikagakuka/0000153339.pdf

不登校児童生徒への支援の在り方について（通知）〔元文科初第 698 号〕 3章

令和元年 10 月 25 日

https://www.mext.go.jp/a_menu/shotou/seitoshidou/1422155.htm

不登校重大事態に係る調査の指針〔文部科学省〕 3章

平成 28 年 3 月

https://www.mext.go.jp/a_menu/shotou/seitoshidou/__icsFiles/afieldfile/2016/07/14/1368460_1.pdf

不登校重大事態に係る調査の指針について（通知）〔27 文科初第 1576 号〕 3章

平成 28 年 3 月 11 日

https://www.mext.go.jp/a_menu/shotou/seitoshidou/1368460.htm

民間の団体・施設との連携等に関する実態調査〔文部科学省〕 4章

令和元年 5 月 13 日

https://www.mext.go.jp/component/a_menu/education/detail/__icsFiles/afieldfile/2019/05/20/1416689_001.pdf

著者紹介

髙坂　康雅（こうさか・やすまさ）

2009 年　　筑波大学大学院人間総合科学研究科心理学専攻修了
現　在　　和光大学現代人間学部教授（心理学博士）
　　　　　公認心理師・学校心理士

〈主著・論文〉
思春期における不登校支援の理論と実践―適応支援室「いぐお～る」の挑戦―（共
　　著）ナカニシヤ出版　2016 年
恋愛心理学特論―恋愛する青年／しない青年の読み解き方　福村出版　2016 年
レクチャー青年心理学―学んでほしい・教えてほしい青年心理学の15のテーマ（共
　　著）風間書房　2017 年
ノードとしての青年期（共著）ナカニシヤ出版　2018 年
増補改訂　本番さながら！公認心理師試験予想問題200　メディカ出版　2020 年
公認心理師試験対策総ざらい　実力はかる5肢選択問題360　福村出版　2021 年

深掘り！関係行政論　教育分野
——公認心理師必携——

2021 年 12 月 10 日　初版第 1 刷印刷	定価はカバーに表示してあります。
2021 年 12 月 20 日　初版第 1 刷発行	落丁・乱丁本はお取り替えいたします。

著　者　　　　髙坂　康雅
発行所　　　　㈱北大路書房

〒 603-8303　京都市北区紫野十二坊町 12-8
電話　（075）431-0361 ㈹　　振替　01050-4-2083
FAX　（075）431-9393

装幀／野田和浩
ⓒ 2021　検印省略　印刷・製本／（株）太洋社
ISBN978-4-7628-3178-2　　Printed in Japan

公認心理師への関係行政論ガイド

下山晴彦・岡田裕子・和田仁孝（編）
A5 判・288 頁・本体価格 2700 円＋税
ISBN978-4-7628-3175-1

法律家と心理職のコラボレーションにより，法制度のポイントと，現場でそれを活かすすべを解説する。「公認心理師の職責」の履修内容も網羅。公認心理師資格試験にも，現場での実践にも役立つ，必携の手引書。

臨床心理フロンティア シリーズ

下山晴彦（監修）宮川　純（編集協力）

現代臨床心理学を牽引するエキスパートによる講義を実現。
講義で取り上げた用語やキーワードは「講義メモ」で丁寧に補足し，
内容理解が深まる「確認問題」と「付録」つき。
講義動画と組み合わせて重要なテーマを学べるシリーズ。

公認心理師のための「基礎科目」講義
宮川　純・下山晴彦・原田隆之・金沢吉展（編著）
B5 判・224 頁・本体価格 3000 円＋税・ISBN978-4-7628-3097-6

公認心理師のための「心理査定」講義
下山晴彦・宮川　純・松田　修・国里愛彦（編著）
B5 判・224 頁・本体価格 3100 円＋税・ISBN978-4-7628-3155-3

公認心理師のための「発達障害」講義
桑原　斉・田中康雄・稲田尚子・黒田美保（編著）
B5 判・224 頁・本体価格 3000 円＋税・ISBN978-4-7628-3045-7

心理系公務員試験対策 実践演習問題集
◆特訓式 試験にでる心理学 シリーズ

髙橋美保・山口陽弘（著）B5 判（ブックインブック製本）

過去 10 年間の国家公務員総合職，家庭裁判所調査官補，法務省専門職員，東京都，特別区の試験の出題傾向を徹底的に分析，最頻出の重要テーマに絞って〈合格力の基礎〉をつくる良問を厳選したシリーズ。基本知識の定着をねらって，各領域ごとに「例題」を挙げ，豊富な図表を交え丁寧に解説する。解きやすさを追求した「問題編」＋「解答・解説編」のブックインブック製本。

1 一般心理学編　髙橋美保・山口陽弘（著）
B5 判・180 頁+100 頁・本体価格 3200 円＋税・ISBN978-4-7628-3041-9

2 心理測定・統計編　山口陽弘（著）
B5 判・192 頁+ 56 頁・本体価格 3400 円＋税・ISBN978-4-7628-3071-6

3 社会心理学編　髙橋美保（著）
B5 判・192 頁+120 頁・本体価格 3300 円＋税・ISBN978-4-7628-3107-2

4 発達心理学・教育心理学編　髙橋美保・山口陽弘（著）
B5 判・232 頁+148 頁・本体価格 3600 円＋税・ISBN978-4-7628-3161-4

5 臨床心理学編　髙橋美保（著）
B5 判・164 頁+128 頁・本体価格 3200 円＋税・ISBN978-4-7628-3078-5

（税抜き価格で表示しております）